기분이 좋아지는
오늘의 입욕제

소크아트 저

YoungJin.com Y.
영진닷컴

기분이 좋아지는
오늘의 입욕제

Copyright 2021. by Youngjin.com Inc.
401, STX-V Tower, 128, Gasan digital 1-ro, Geumcheon-gu, Seoul, Republic of Korea 08507
All rights reserved. No part of this book may be reproduced or transmitted in any form or
by any means, electronic or mechanical, including photocopying, recording or by any
information storage retrieval system, without permission from Youngjin.com Inc.

ISBN : 978-89-314-6341-5

독자님의 의견을 받습니다.
이 책을 구입한 독자님은 영진닷컴의 가장 중요한 비평가이자 조언가입니다. 저희 책의 장점과 문제점이 무엇인지, 어떤 책이 출판되기를 바라는지, 책을 더욱 알차게 꾸밀 수 있는 아이디어가 있으면 팩스나 이메일, 또는 우편으로 연락주시기 바랍니다. 의견을 주실 때에는 책 제목 및 독자님의 성함과 연락처(전화번호나 이메일)를 꼭 남겨 주시기 바랍니다. 독자님의 의견에 대해 바로 답변을 드리고, 또 독자님의 의견을 다음 책에 충분히 반영하도록 늘 노력하겠습니다.

이메일 : support@youngjin.com
주 소 : (우)08507 서울시 금천구 가산디지털1로 128 STX-V타워 4층 401호 (주)영진닷컴 기획팀

파본이나 잘못된 도서는 구입하신 곳에서 교환해 드립니다.

STAFF
저자 소크아트 | **총괄** 김태경 | **기획** 최윤정 | **디자인·편집** 김소연 | **영업** 박준용, 임용수, 김도현
마케팅 이승희, 김근주, 조민영, 이은정, 김예진, 채승희, 김민지 | **제작** 황장협 | **인쇄** 제이엠

작가의 말

입욕제 사용해 보셨나요? 보통 우연한 기회로 접하게 되는 입욕제는 생각지도 못한 행복감을 줍니다. 톡톡 터지는 탄산가스를 내뿜는 배스밤은 상쾌한 기운을 불러일으키고, 욕조 가득 차오른 버블바의 거품은 따뜻하고 포근해 앞으로 뭐든 잘 해낼 수 있을 것만 같은 에너지를 줍니다.

보기에 귀엽고 아기자기한 입욕제, 만드는 것 또한 쉬워 보이지만 한 번 경험해 보면 생각보다 수월하지 않다는 것을 깨닫게 됩니다. 각 원료가 가지는 화학적 특징과 환경적 요소가 결합되어 만들어지기에 충분한 이론이 뒷받침되어야 하기 때문입니다.

PART 1에서는 입욕제에 대한 이해를 도모하기 위한 전반적인 이론을 다루었습니다. 우리가 잘 알고 있던 베이킹소다, 구연산과 같은 원료들도 입욕제 안에서는 기존에 몰랐던 다른 특징과 역할을 가집니다. 하나의 원료에 대한 수십 개의 학술자료를 분석하고 수많은 실습과 케이스를 통해 조합된 이론입니다. PART 1을 얼마나 이해했는가에 따라 완성품의 퀄리티가 달라질 것입니다.

책에는 누구나 10분 안에 뚝딱 만들 수 있는 간단한 레시피부터, 많은 시간 공들여 만들어야 하는 디자인 기법 모두를 포괄합니다. 난이도 표를 보고 목적에 맞게 선택하여 활용하시기 바랍니다.

난이도 표

★☆☆☆☆	이론 지식이 없어도 쉽게 만들 수 있어요.
	피톤치드 편백 입욕제, 아이 거품목욕 버블바스, 샤워밤, 배스솔트
★★☆☆☆	챕터에 대한 어느 정도 이해가 필요해요.
	시어버터 보습 배스밤, 아로마 까눌레 배스밤, 봄을 담은 벚꽃 배스밤, 드라이 허브 배스밤, 베이비 밀크 바스볼, 밤하늘 별 배스밤, 배스밤 페인팅, 오로라 배스밤, 쿠키 커터로 만드는 버블바, 무지개 버블바, 레인보우 케이크 버블바, 롤케이크 버블바, 마카롱 버블바, 시럽이 흐르는 빙수 버블바, 족욕용 입욕제, 배스 초콜릿, 버블 주스
★★★☆☆	몇 번의 연습이 필요해요.
	미네랄 솔트 배스밤, 로즈잎 하트 배스밤, 프로포즈 배스밤, 드리즐 배스밤, 치즈 케이크 버블바, 리유저블 버블바, 수박 버블바, 갤럭시 스쿱 버블바
★★★★☆	이론 지식을 깊이 이해해야 만들 수 있어요.
	크리스마스 트리 배스밤, 해바라기 배스밤, 체크 패턴 버블바, 리얼 코코넛 버블바, 케이크 버블바
★★★★★	난이도 1~4 모든 기법을 완벽하게 습득한 후에 만들 수 있어요.
	비치볼 배스밤, 밤하늘 달 배스밤, 캐릭터 버블바, 나만의 버블바 디자인하기

이 책은 입욕제를 간단하고 쉽게 만들고자 하는 사람들에게는 다소 어렵게 느껴질 수 있습니다. 이론적인 이해가 수반되어야 소화할 수 있는 디자인이 많기 때문입니다. 다만, 입욕제를 보다 심층적으로 배우고자 하는 사람들에게는 국내에 없는 유일한, 유익한 참고서가 될 것입니다.

Contents

PART 01 입욕제 원료 및 제조 이론

베이킹소다와 구연산의 만남 *08*

당신의 입욕제를 최고로 만들어 주는 4가지 포인트 향·보습·색감·거품 *09*

입욕제 사용법 *15*

PART 02 배스밤 BATH BOMB

배스밤이란? *18*

기본 재료 및 도구 *19*

배스밤이 부서지고 갈라지는 이유 *20*

배스밤 만드는 방법 *21*

피부에 자연스러운 오가닉 배스밤

01 피톤치드 편백 입욕제 *26*

02 시어버터 보습 배스밤 *30*

03 아로마 까눌레 배스밤 *34*

04 봄을 담은 벚꽃 배스밤 *38*

05 드라이 허브 배스밤 *42*

06 미네랄 솔트 배스밤 *46*

07 로즈잎 하트 배스밤 *50*

08 베이비 밀크 바스볼 *54*

톡톡 튀는 당신을 위한 디자인 배스밤

09 비치볼 배스밤 *58*

10 프로포즈 배스밤 *64*

11 달과 별, 밤하늘 배스밤 *68*

12 크리스마스 트리 배스밤 *74*

13 배스밤 페인팅 *78*

14 해바라기 배스밤 *82*

15 드리즐 배스밤 *86*

16 오로라 배스밤 *90*

PART 03 버블바 BUBBLE BAR

버블바란? *96*
기본 재료 및 도구 *97*
버블바가 부풀어 오르고 갈라지는 이유 *98*
버블바 만드는 방법 *99*

집콕할 땐 버블바 놀이
01 쿠키 커터로 만드는 버블바 *102*
02 치즈 케이크 버블바 *106*
03 쓰고 또 쓰는 리유저블 버블바 *112*
04 무지개 버블바 *118*
05 레인보우 케이크 버블바 *122*
06 롤케이크 버블바 *126*
07 체크 패턴 버블바 *130*
08 아이 거품목욕 버블바스 *134*

금손으로 가는 길, 버블바 디자인
09 수박 버블바 *138*
10 리얼 코코넛 버블바 *144*
11 눈으로 먹는 마카롱 버블바 *148*
12 갤럭시 스쿱 버블바 *154*
13 시럽이 흐르는 빙수 버블바 *158*
14 캐릭터 버블바 *164*
15 케이크 버블바 *172*
16 나만의 버블바 디자인하기 *178*

PART 04 욕조가 없어도 괜찮아요

01 샤워밤 *186*
02 배스솔트 *190*
03 족욕용 입욕제 *194*
04 배스 초콜릿 *198*
05 버블 주스 *202*

PART
01

입욕제 원료 및 제조 이론

입욕제에 구성된 원료들은 각각 어떠한 목적으로 첨가될까요?
빵을 만들 때나 과일을 세척할 때 사용되기도 하는 베이킹소다가
입욕제로 만들어지면 우리가 몰랐던 재미있는 역할을 합니다.
입욕제 원료의 정의와 기능에 대하여 자세하게 공부해 보아요.

베이킹소다와 구연산의 만남

고체 입욕제는 어떻게 만들어지는 걸까요?

베이킹소다와 구연산은 각각 적정량의 액상(에탄올 제외) 원료와 만나면, 뭉치는 텍스처가 되었다가 시간이 지나면 딱딱하게 굳는 성질이 있습니다. 배스밤과 버블바와 같이 부서지지 않는 단단한 고체 형태의 입욕제는 이 두 가지 원료의 특징적인 성질로 인해 만들어집니다.

배스밤과 버블바의 차이

배스밤bath bomb과 버블바bubble bar는 만드는 방식도 사용 방법도 모두 다릅니다. 배스밤은 촉촉한 모래 같은 반죽을 몰드(틀)에 넣고 압축해서 만드는 방식입니다. 고체 형태로 압축된 원료는 욕조에 가득 찬 물 위에 띄우면 시원한 탄산 발포를 보입니다. 알아서 녹기 때문에 편리하게 사용할 수 있다는 장점이 있습니다. 배스밤은 만드는 방식에 따라 차이가 있지만 보통 거품이 없습니다.

반면 버블바는 손으로 뭉쳐서 빚을 수 있는 반죽을 가지고 작업합니다. 따라서 캐릭터나 케이크 모양을 자유롭게 표현할 수 있다는 장점이 있습니다. 완성된 버블바는 샤워기나 수전 수압으로 녹여 사용합니다. 풍성하게 만들어진 거품은 오랜 시간 유지되며 욕실을 포근하게 채워 줍니다.

당신의 입욕제를 최고로 만들어 주는 4가지 포인트 향·보습·색감·거품

⑴ 향 : 에센셜 오일 vs 프래그런스 오일

에센셜 오일 essential oil

꽃, 허브, 과일 껍질, 뿌리 등 식물에서 추출한 천연 향료로, 강한 향기를 발산하며 불면증 치료나 항박테리아 등 인체에 유익한 특성이 있어 아로마테라피의 주원료로 사용됩니다. 또한, 입욕제의 원료로써 풍부한 향을 만들어 내는 역할을 합니다. 에센셜 오일의 향기는 뇌의 일부인 변연계를 자극하여 감정, 행동, 후각 및 장기 기억에 중요한 역할을 합니다. 변연계는 기억 형성에 영향을 줍니다. 특정 향기를 맡았을 때 행복했던 경험이 떠올라 유난히 기분이 좋아진 적이 있나요? 사람마다 기억에 따라 좋아하는 향이 다르기 때문에, 나를 편안하게 하고 기분 좋게 만드는 향을 찾는 것이 중요합니다. 행복한 추억을 불러일으키는 나만의 향을 찾아 욕실에 가득 채워 보세요!

◆ 에센셜 오일의 종류

라벤더 lavender

세계 인구의 10~20%가 수면 보조제로 사용한다고 하는 라벤더 에센셜 오일은 수면 장애에 긍정적인 효과가 있다고 나타났습니다. 정신적 피로 회복에 좋고 통증 완화 및 방부 효과가 뛰어납니다.

만다린 mandarin
여타 감귤류 오일에 비해 자극이 적고, 다양한 에센셜 오일과 블렌딩하였을 때 무난하게 잘 어울립니다. 마음을 밝게 해 주고, 특히 아이들이 매우 좋아하는 향 중 하나입니다.

버가못 bergamot
우울증, 슬픔을 극복하는 데 도움이 됩니다. 지성 피부에 좋고 여드름 완화에도 효과가 있습니다. 담백한 달콤함이 어떤 에센셜 오일과 블렌딩해도 잘 어울립니다.

스위트오렌지 sweet orange
달콤한 오렌지 향의 스위트오렌지 오일은 신경 안정에 도움이 됩니다. 정신적 에너지를 발휘하게 할 뿐만 아니라 불쾌한 냄새를 잡아 주는 데 도움이 됩니다.

시더우드 cedarwood
빠르게 휘발되는 에센셜 오일의 향을 고정해 주는 고착제 역할을 합니다. 진정 효과가 있어 명상이나 마음을 편안하게 할 때 사용해도 좋습니다.

클라리세이지 clary sage
스트레스를 완화하고 신경을 진정시키는 능력이 있습니다. 여성의 생식 기능을 건강하게 하고, 생리 전 긴장을 풀어 주며 산후 우울증에도 효과적입니다.

로즈메리 rosemary
호흡기에 좋고, 집중력을 높여 줍니다. 또한 통증을 완화하는 데 도움이 됩니다. 근육통이 있는 경우 로즈메리 에센셜 오일을 첨가한 입욕제로 피로를 풀 수 있습니다.

로즈 rose
불안을 줄이는 데 도움을 줍니다. 항산화 특성뿐만 아니라, 여드름 치료 및 안색 개선에 도움을 줍니다. 여성의 폐경, 월경 및 호르몬 문제를 완화해 주는 효과가 있습니다.

유칼립투스 eucalyptus
1,8-시네올 함유로 호흡 기관 문제를 완화해 줍니다. 또한 염증 유발 성분을 억제하는 항염증 효과가 있으며 면역력을 높이는 데 도움을 줍니다.

그레이프프루트 grapefruit
박테리아를 줄이는 데 도움이 되며, 항우울 작용을 하고 특히 여성에게 있어 생리 전 긴장감 및 임신 중 불쾌감 등을 해소해 주는 기능을 합니다.

스피어민트 spearmint
페퍼민트와 유사하여 대용으로 사용할 수 있고 페퍼민트보다 향이 더욱 달콤하고 부드러운 특징이 있습니다. 항진균성이 있으며, 두통과 스트레스 완화에 도움을 줍니다.

레몬 lemon

백혈구를 자극하여 감염증을 완화하는 효과가 있고, 교감 신경을 자극하여 정신을 맑게 하는 데 도움을 줍니다. 상큼한 레몬 향은 피로한 신체에 활력을 불어넣어 줍니다.

◆ **에센셜 오일 사용 전 유의사항**

- 원액을 피부에 바로 바르지 않습니다.
- 경구 복용하지 마세요.
- 휘발성이 있으니 입욕제에 향료로 첨가하는 경우 제품을 밀봉하여 보관하세요.
- 전문가가 아니라면 1% 이내로 사용을 권장합니다(예: 500g 레시피의 경우 최대 5g 사용). 과량 사용 시 알레르기나 자극을 유발하는 원인이 될 수 있습니다.
- 원액을 계량할 경우 플라스틱을 사용하지 않고 유리 비커나 스테인리스 소재를 사용합니다. 강한 농도의 향료이기에 일부 플라스틱을 부식시킬 수 있습니다.
- 임산부 혹은 수유 중인 경우 전문의와 상담 후 사용하세요.

프래그런스 오일 fragrance oil

한 가지 원료에서 추출하는 에센셜 오일과 달리 프래그런스 오일은 인공적으로 합성하는 과정을 통해 만들어집니다. 주요 이점 중 하나는 비휘발성으로 에센셜 오일에 비해 향이 오래 지속된다는 점입니다. 반면 에센셜 오일과 동일한 건강상 이점(아로마테라피 효과)은 기대할 수 없습니다. 자연 원료가 아닌 화합물로부터 인위적으로 만들어지기도 하고, 천연 방향족 성분을 분리 및 합성하여 만들어지기도 합니다. 에센셜 오일 추출법으로는 만들어지지 않는 복숭아나 밀크파우더 향 등이 있습니다.

◆ **프래그런스 오일 사용 전 유의사항**

- 원액을 피부에 바로 바르지 않습니다.
- 경구 복용하지 마세요.
- 재료 구매 시 화장품 제조 용도인지 업체에 별도 확인해 주세요.
- 전문가가 아니라면 1% 이내로 사용을 권장합니다(예: 500g 레시피의 경우 최대 5g 사용). 과량 사용 시 알레르기나 자극을 유발하는 원인이 될 수 있습니다.
- 원액을 계량할 경우 플라스틱을 사용하지 않고 유리 비커나 스테인리스 소재를 사용합니다. 강한 농도의 향료이기에 일부 플라스틱을 부식시킬 수 있습니다.
- 임산부 혹은 수유 중인 경우 전문의와 상담 후 사용하세요.

② 보습 : 식물성 오일

호호바 오일 jojoba oil
약알레르기성의 저자극 오일로, 보습 효과가 뛰어나고 피부 침투력이 좋아 쉽게 흡수됩니다. 비타민E, B 등 영양소와 산화 방지제, 미네랄이 풍부하여 피부에 영양을 공급합니다.

마카다미아 넛 오일 macadamia nut oil
올레산과 같은 필수 지방산이 풍부하여 건조하고 민감한 피부에 보습을 제공합니다. 피부 장벽 기능을 회복시키는 데 도움이 되며 천연 항산화 물질이 많습니다.

스위트 아몬드 오일 sweet almond oil
약알레르기성의 저자극 오일로 비타민E, A와 천연 지방산을 함유하고 있습니다. 피부 보습에 좋고 자극받은 피부를 진정시켜 주며, 가려움증 완화에도 도움이 됩니다.

달맞이꽃 오일 evening primerose oil
달맞이꽃 씨앗에서 추출하는 달맞이꽃 종자유는 감마리놀렌산이 함유되어 있어 염증 치료제로 사용되기도 합니다. 여드름 및 습진 완화에 도움을 주며 뛰어난 보습 효과로 건조한 피부를 개선해 줍니다.

올리브 오일 olive oil
보습 및 산화 방지, 비타민A, D, E, K 함유로 피부에 영양을 공급합니다. 항균 효과로 박테리아를 제거하여 여드름 피부에 도움을 줄 수 있습니다.

코코넛 오일 coconut oil

습진, 건조 피부 보습에 효과가 있습니다. 피부의 장벽 기능을 개선하고 UVB 자외선에 의한 염증을 줄일 수 있습니다. 항균성이 있어 여드름 피부에 도움을 줍니다.

카렌듈라 인퓨즈드 오일 calendula infused oil

카렌듈라를 호호바, 해바라기, 올리브 오일 등에 주입하여 만듭니다. 카렌듈라에는 항균성이 있어 상처 치유 및 습진 완화에 도움을 줍니다.

⓪③ 색감 : 입욕제 색소

입욕제를 50개 미만 소량 제작하는 경우, 가루보다 액상 타입의 수용성 색소 사용을 권장합니다. 가루 타입의 색소는 반죽을 마르게 만들고 특히 배스밤의 경우 반죽에 수분기가 많지 않아 색소가 녹지 않을 수 있기 때문에, 물에 풀었을 때 욕조에 얼룩을 만들거나 몸에 색소가 묻어나는 원인이 될 수 있습니다. 화장품으로 분류되는 입욕제는 식약처에서 규정하는 화장품 색소를 사용해야 합니다.

④ 거품 : 계면활성제

계면활성제는 버블바에 풍성한 거품을 만들어 주는 역할을 합니다. 그뿐만 아니라 피부로부터 먼지나 때를 분리하는 세정 기능이 있습니다. 이 책에서 사용할 계면활성제는 총 4가지입니다.

소듐라우릴설포아세테이트 sodium lauryl sulfoacetate; SLSA

코코넛 및 팜유로부터 유래한 가루 타입의 음이온 계면활성제입니다. SLSA는 일부 계면활성제와 다르게 피부에 침투하지 않는 분자 구조로 되어 있어 비교적 안전하게 사용할 수 있습니다. SLSA는 버블바에 첨가 시 크림같이 하얗고 부드러운 거품을 만들어 줍니다.

라우라미도프로필베타인 lauramidopropyl betaine

양쪽성 계면활성제입니다. 물에 씻어 내는 제품에 사용했을 때 피부에 자극이 적고 안전하다는 연구 결과가 있습니다. SLSA와 같은 가루 타입의 거품제와 혼합하면 거품력을 더욱 향상해 주는 역할을 합니다.

코코글루코사이드 coco glucoside

비이온 계면활성제입니다. 라우라미도프로필베타인과 마찬가지로 풍성한 거품을 만들어 냅니다. 피부가 민감한 아토피 피부 아기와 반려동물에도 안전한 계면활성제입니다.

라우릴글루코사이드 lauryl glucoside

비이온 계면활성제입니다. 마찬가지로 독성이 없는 저자극 계면활성제로 많이 활용되고 있습니다. 점성이 높아 라우라미도프로필베타인과 코코글루코사이드보다는 거품 형성이 느리지만 안정적입니다.

입욕제 사용법

 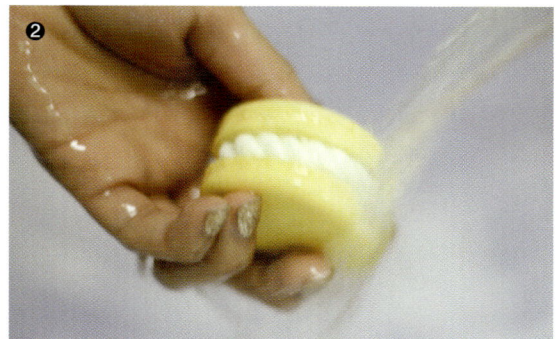

❶ **배스밤** : 1인 욕조 기준 1개(100g 이상)를 따뜻한 물에 띄워 주세요. 사용 후엔 가볍게 물로 씻어 냅니다.

❷ **버블바** : 1인 욕조 기준 1개(75g 이상)를 수전이나 샤워기 수압으로 녹여 거품을 만들어 주세요. 사용 후엔 가볍게 물로 거품을 씻어 냅니다.

입욕제를 사용하면 피부 속 수분 충전은 물론, 피부에 보호막을 형성해 건조해지지 않도록 보습을 해 주며 피부를 부드럽게 만들어 줍니다. 또한, 많은 양의 땀을 배출해 다이어트에도 효과적입니다.

전신욕과 반신욕은 공통적으로 피부 표면과 모공 속 노폐물을 제거하고 근육을 풀어 주는 효과가 있습니다. 또한, 체온을 빠른 시간에 올려 땀이 배출되도록 만들고 체지방을 줄여 주어 다이어트에도 효과적입니다. 가슴까지 몸을 담그는 전신욕은 반신욕보다 발한량이 많아 독소 배출과 피로 회복 효과가 더 큽니다. 특히 등이나 어깨 부분의 근육을 이완시켜 상체를 편안하게 만들어 줍니다. 단, 장시간 몸을 담그고 있는 경우 현기증을 일으킬 수 있어 15분 이내로 마치고, 빈혈이 있거나 몸에 열이 많은 경우엔 배꼽 아래까지 몸을 담그는 반신욕이 적합합니다.

족욕은 상·하체 혈액 순환을 원활하게 하고 손발이 찬 사람들에게 좋습니다. 하체부터 상체까지 온몸을 따뜻하게 만들어 줄 뿐만 아니라 20대 하지 부종을 완화하는 데 효과적이라는 연구 결과가 있습니다. 오래 앉거나 서는 업무가 많은 직장인에게 권장합니다. 전신욕이나 반신욕을 하기에 시간 및 공간적으로 여건이 안 되는 경우엔 간편한 족욕으로 피로를 풀어 보세요!

PART 02

배스밤 BATH BOMB

안전한 재료로 직접 만든 배스밤은 건강한 라이프를 추구하는 여러분에게 작은 즐거움이 될 거예요. 다양한 천연 원료를 활용하여 배스밤을 만드는 방법을 배워 보겠습니다. 동그란 모양 이외에도 별과 크리스마스 트리, 배스밤에 그림을 그려 넣는 기법까지, 더욱 특별한 입욕제를 만들기 위한 노하우도 소개합니다.

배스밤이란?

bomb은 폭탄이라는 의미로, 배스밤 bath bomb 은 물에 풀었을 때 폭탄처럼 발포하는 탄산 입욕제를 뜻합니다. 탄산이 터지는 소리를 만들어 내며 시원하게 녹는 배스밤을 즐겨 보세요!

배스밤의 장점

배스밤은 버블바처럼 거품은 없지만 물에서 발포하는 모습이 재미있고, 탄산가스와 향 분자가 함께 방출되어 더욱 향긋한 입욕을 즐길 수 있습니다.

배스밤의 발포 원리

배스밤의 재료인 베이킹소다와 구연산이 물을 만나면 이산화탄소가스 탄산가스 를 만들어 내는 화학반응을 합니다. 탄산가스는 물에서 기포가 되어 배스밤을 물에서 발포하게 만듭니다.
입욕제는 금방 씻어 내는 세정 제품과 달리 오랜 시간 피부에 적용되는 특징이 있어, 구연산 등으로 베이킹소다의 알칼리성을 중화시켜 약산성~중성 사이의 pH를 띄도록 만듭니다.

기본 재료 및 도구

기본 재료 : 가루 재료

원료명	영문명	설명	역할
베이킹소다	sodium bicarbonate	100% 탄산수소나트륨, 알칼리성	고체화, 발포
무수구연산	citric acid	주로 감귤류 과일에서 추출, 산성	고체화, 발포, pH조절
주석산	tartaric acid	주로 포도에서 추출, 산성	고체화, pH조절
옥수수 전분	corn starch	옥수수의 씨앗 부분에서 추출한 녹말	고체화, 보습

기본 재료 : 액체 재료

원료명	영문명	설명	역할
올리브 리퀴드	olive oil peg-7 esters	올리브 오일에서 합성한 가용화제	유화제
식물성 오일	carrier oil/base oil	견과류, 씨앗, 열매 등에서 추출한 오일	보습, 유연 효과
플로럴 워터	floral water	에센셜 오일 추출 과정에서 증류된 물, 기타 추출물 (편백 워터, 위치하젤 워터 등)로 대체 가능	수분 공급, 배스밤 수분도 조절
에센셜 오일	essential oil	꽃, 허브, 뿌리 등에서 추출한 향료, 아로마 오일	향료
프래그런스 오일	fragrance oil	인공적으로 합성한 향료	향료

기본 도구

스텐볼 - 재료 혼합 시 사용하는 볼은 넓고 낮은 것이 편리합니다. 작은 사이즈의 볼은 반죽을 소분할 때 용이합니다.
유리 비커 - 배스밤은 액체 재료 양이 보통 10g 미만이므로 25ml 작은 사이즈의 유리 비커가 적당합니다.
위생 장갑 - 입욕제 제조 시 손을 보호하기 위해 필요합니다.
미니 블렌더 - 미니 블렌더는 액체 재료 혼합 시 사용되며 유리막대로 대체 가능합니다.
계량스푼 - 계량스푼은 반죽을 소분하고 색을 입힐 때 사용됩니다.
배스밤 몰드 - 투명한 아크릴 타입의 몰드는 배스밤을 압축할 때 사용됩니다.
아이스 트레이 - 아이스 트레이는 작은 사이즈의 배스밤 모양을 낼 때 사용됩니다. 실리콘 몰드와 달리 유연하지 않고 단단한 재질을 사용하는 것이 만들기에 수월합니다.

> **NOTE** 투명 원형 몰드 크기별 중량
> • 50mm 제작 시 배스밤 1개 중량 – 약 80g   • 60mm 제작 시 배스밤 1개 중량 – 약 120g   • 70mm 제작 시 배스밤 1개 중량 – 약 210g

배스밤이 부서지고 갈라지는 이유

(제조 시 유의사항)

① 수분도

배스밤은 잘 뭉쳐지는 텍스처로 만들어 몰드에 넣고 압축해 굳히는 방식입니다. 이때, 배스밤 반죽을 매끄럽고 단단한 형태로 만드는 게 중요한 포인트입니다. 반죽이 과하게 축축해도, 너무 말라도 문제가 생깁니다. 너무 축축하면 이산화탄소가스에 의해 배스밤이 부풀어 오르고, 반대로 너무 마르면 잘 뭉치지 않고 부서집니다. 따라서 손으로 뭉쳤을 때 잘 뭉쳐지고 손가락으로 으깼을 때 바삭거리지 않는 촉촉한 텍스처가 적당합니다. 배스밤 제조 시 반죽이 빠르게 마르는 특성이 있으므로, 수시로 수분도를 체크해 주는 것이 매우 중요합니다. 실내 습도가 40% 이하인 경우, 500g 기준 레시피에서 식물성 오일 3g을 추가해 주세요.

② 제조 시간

배스밤 반죽은 빠르게 건조됩니다. 원료 중 하나인 구연산이 주변의 원료를 마르게 만드는 성질이 있기 때문입니다. 수시로 반죽의 상태를 체크해 주어야 하고 시간 안에 만드는 것이 좋습니다. 반죽이 말랐을 경우, 스프레이 용기에 담긴 플로럴 워터 등을 1회 분사 후 잘 섞으면 다시 잘 뭉치는 텍스처를 만들어 낼 수 있습니다.

③ 압축

단단한 형태의 배스밤을 만들기 위해선 적당한 압축이 중요합니다. 배스밤은 가루들이 뭉쳐서 견고하게 만들어지기 때문에 느슨하게 압축하면 표면이 뭉개질 수 있습니다. 단, 너무 세게 압축하는 경우 밀도가 높아져 물에 가라앉을 수 있으니 유의하세요.

④ 실내 습도

배스밤 제조 시 실내 습도는 50% 이하로 조성해 주세요. 습도가 높은 경우 공기 중의 물이 배스밤 반죽에 닿아 수분도를 과하게 높여 문제를 일으킬 수 있습니다.

배스밤 만드는 방법
(기본 500g)

⑴ 재료 계량

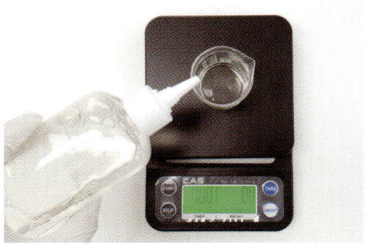

1 가루 재료인 베이킹소다 300g, 구연산 150g, 주석산 40g을 계량해 스텐볼에 담아 주세요.

2 액체 재료인 올리브 리퀴드 1g, 마카다미아 넛 오일 6g, 위치하젤 워터 1g, 라벤더 에센셜 오일 2g을 계량해 유리 비커(50ml)에 담아 주세요.
NOTE 에센셜 오일 원액은 일부 플라스틱을 부식시킬 수 있으므로 계량 시 유리나 스텐 컨테이너를 사용하세요.

⑵ 배스밤 혼합하기

1 유리 비커에 담긴 액체 재료를 흔들어 잘 섞어 주세요. 오일과 물이 섞이며 뽀얗게 변합니다.

2 가루 재료에 액체 재료를 부어 주세요. 손이나 주걱을 이용해 남김 없이 넣어 주세요.

3 가루로 액체를 덮어 주세요.

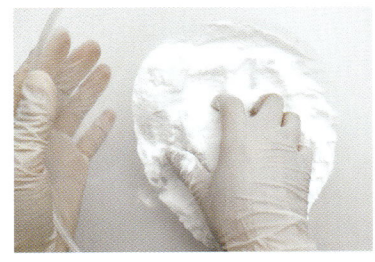
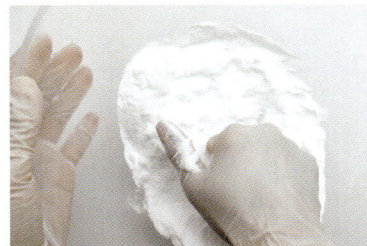

4 손 안에서 가루를 뭉개어 비비듯이 섞어 줍니다. 가루에 액체가 잘 흡수되도록 힘을 주어 비벼 주세요.

  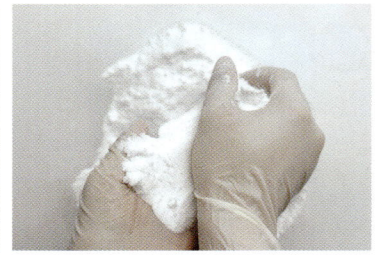

5 양손으로 가루를 크게 떠서 힘주어 비벼 주세요. 10회 반복합니다.

  NOTE 손바닥에 반죽을 놓고 힘 없이 비비면 손에서 발생하는 열과 바람에 의해 반죽이 마를 수 있으니 유의하세요.

6 수분도 확인 - 가루를 가득 쥐어 꾹 뭉쳤을 때 잘 뭉치고 부드럽게 으깨지는 정도의 수분도가 적당합니다.

  NOTE 배스밤을 만들 때 수시로 수분도를 확인해 주어야 합니다.

03 배스밤 압축하기

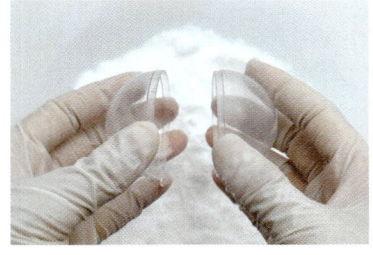  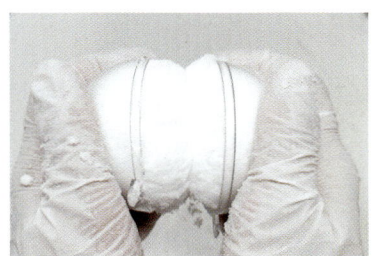

1 원형 몰드를 열어 양쪽 모두 반죽을 채우고, 압축이 잘 될 수 있도록 반죽을 위로 쌓아 줍니다.

> **NOTE** 누르지 말고 가볍게 모아서 쌓아 주세요. 너무 세게 눌러 담으면 과량이 들어가 몰드가 맞물리지 않아요.

2 두 개의 반구를 합쳐 압축해 주세요.

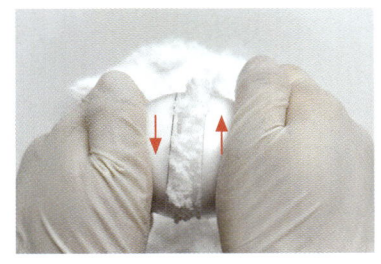 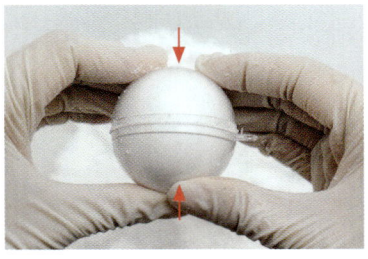 

3 양이 너무 많아 몰드가 닫히지 않는 경우엔 양쪽으로 비벼서 반죽을 조금 덜어 냅니다.

4 몰드를 햄버거 쥐듯이 잡고 위아래를 눌러서 맞춰 줍니다. 양쪽 몰드가 맞물리되 완전히 닫히지 않은 상태가 좋습니다.

> **NOTE** 몰드가 완전히 닫힌다면 양이 부족해 압축이 느슨하게 되었을 수 있습니다. 그럴 경우 몰드를 반으로 쪼개 반죽을 추가로 넣어 압축해 주세요.

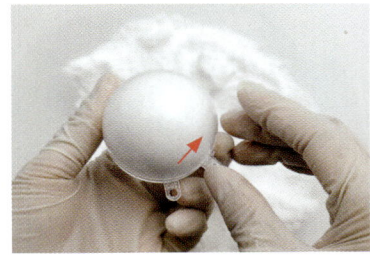 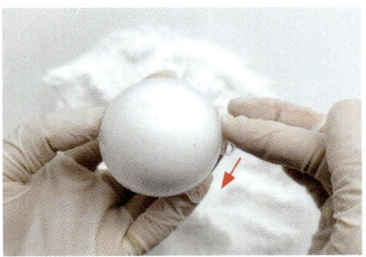

5 몰드의 위아래를 돌려서 살짝 분리해 주세요. 공기가 차서 반죽이 몰드에 달라붙는 것을 방지할 수 있습니다.

④ 배스밤 수분도 맞추기

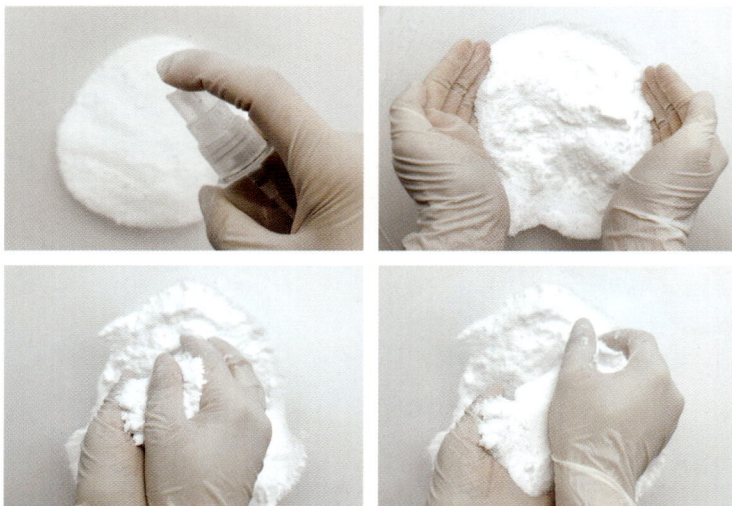

나머지도 동일하게 만듭니다. 수시로 수분도를 확인해 주고, 반죽이 마른 경우 위치하젤 워터를 1회 분사해 섞어 주세요. 반죽을 가득 쥐어 꾹 뭉쳤을 때 잘 뭉쳐지고, 촉촉하고 부드럽게 으깨지는 텍스처가 적당합니다.

NOTE 위치하젤 워터는 1회에 0.1g 정도 분사되는 100ml 용량의 스프레이에 담아 사용하세요.

05 배스밤 건조하기

완성된 배스밤은 몰드에 넣은 상태로 10~20분 건조 후 포장합니다. 배스밤이 완전히 건조되는 데는 약 1일 소요되며 포장 시 탄산가스가 방출될 수 있도록 구멍을 내 주세요. 완성된 입욕제는 상자에 넣어 하나씩 꺼내 사용하면 됩니다.

1년 이내에 사용할 것을 권장하며, 직사광선을 피해 서늘한 곳에 보관합니다. 에센셜 오일이 휘발성이 있으니 밀봉하거나 상자에 잘 넣어 보관해 주세요.

배스밤을 사용할 때는 욕조에 물을 충분히 담고 넣어 주세요. 1인 욕조 기준 1회 1개씩 사용합니다. 부족하다면 1개 더 추가로 넣어 주어도 좋습니다.

01

피톤치드 편백 입욕제
phytoncide bath fizz

✦ ✦ ✦

피톤치드는 식물이 병충해로부터 자신을 방어하기 위해 뿜어내는
천연 항균성 물질로, 스트레스 호르몬을 감소시키고 면역력을
향상하는 데 도움을 준다는 연구 결과가 있습니다. 특히 편백나무의 잎은
피톤치드를 가장 많이 뿜어내는 식물로 건강한 목욕을 위한
좋은 재료가 됩니다. 피톤치드 가득한 입욕제로 쾌적한
삼림욕 효과를 누려 보세요.

난이도	★☆☆☆☆
소요 시간	10분
도구	스텐볼, 시약스푼, 위생 장갑, 스탠드 지퍼백
레시피	500g 한 팩 (4~5회 분량)
	[가루 재료] 베이킹소다 300g, 구연산 150g, 옥수수 전분 30g, 편백잎 분말 20g
	[액체 재료] 유칼립투스 에센셜 오일 1g, 버가못 에센셜 오일 0.5g, 클라리세이지 에센셜 오일 0.25g, 시더우드 에센셜 오일 0.25g
참고	향료는 에센셜 오일 혹은 프래그런스 오일 총합 2g

1 볼에 가루 재료를 모두 담아 주세요.

2 에센셜 오일은 5방울에 약 0.25g입니다. 유칼립투스 20방울, 버가못 10방울, 클라리세이지 5방울, 시더우드 5방울을 가루 재료에 떨어뜨려 주세요. 0.1g 단위 저울에 계량해서 넣어도 좋습니다.

3 가루로 에센셜 오일을 덮어 주세요.

4 한 손으로 가루를 비비듯이 섞어 주세요. 가루에 에센셜 오일이 골고루 입혀지도록 힘을 주어 뭉개 줍니다.

5 어느 정도 섞이면 양손으로 가루를 크게 떠서 힘주어 뭉개듯이 섞어 주세요. 편백 분말과 에센셜 오일이 골고루 잘 섞일 때까지 약 20회 반복해 주세요.

6 잘 섞인 입욕제는 스탠드 지퍼백에 담아 주세요. 유리 용기에 담아도 좋습니다.

TIP 사용하고 남은 편백 분말로 천연 풋팩 만들기

재료 : 편백 분말 5g, 시어버터 2g, 마카다미아 넛 오일과 같은 식물성 오일 선택 15g

만들기 : 모든 재료를 한 볼에 넣고, 시어버터를 뭉개 가며 골고루 섞어 줍니다.

사용법 : 팩을 발 뒤꿈치 위주로 펴 바르고 10분 후 물로 씻어 냅니다. 만들어 놓은 팩은 보관하지 말고 바로 모두 사용해 주세요. 따로 향료를 첨가하지 않아도 청량한 피톤치드향을 느낄 수 있어요. 편백 분말로 간편하게 만든 천연팩은 항균 효과가 있고 거칠어진 발에 깊은 보습감을 줍니다.

TIP 용도별 편백 입욕제 사용량

족욕 시 – 10g (테이블스푼으로 1번)
아기 목욕 시 – 20g (테이블스푼으로 2번)
성인 목욕 시 – 100g 이상 (테이블스푼으로 10번)

※ **건조 시간** : 1일 건조 후 밀봉. 지퍼백에 담는 경우 완전히 건조 후 지퍼를 닫아 주세요.

※ **용법 및 용량** : 욕조에 물을 적당히 담고, 테이블스푼으로 10회 가득 퍼서 넣어 줍니다. 시원하고 건강한 향기를 즐길 수 있어요.

※ **사용 및 보관** : 1년 이내 사용. 직사광선을 피해 서늘한 곳에 밀봉하여 보관해 주세요.

02

시어버터 보습 배스밤

shea butter bath bomb

✦ ✦ ✦

시어버터는 시어나무 열매에서 추출한 원료로,
고농도의 지방산과 비타민을 함유하여 피부를 부드럽게 하는 데
매우 효과적입니다. 특히 시어버터의 보습 효과는 몇 시간이 지속될 정도로
뛰어나 건조한 피부에 깊은 보습감을 줍니다. 갈색의 시어나무 열매를
통으로 넣은 듯한 디자인으로 예쁘게 만들어 봅시다!

난이도	★★☆☆☆
소요 시간	30분
도구	스텐볼, 유리 비커, 계량스푼, 위생 장갑, 투명 원형 몰드 60mm 4개, 투명 원형 몰드 30mm 2개
색소	브라운
레시피	500g (4개 분량) **[가루 재료]** 베이킹소다 300g, 구연산 150g, 주석산 40g **[액체 재료]** 올리브 리퀴드 1g, 시어버터 5g, 우유 단백질 추출물 0.5g, 시더우드 에센셜 오일 2g
참고	• 올리브 리퀴드는 라우라미도프로필베타인 외 여타 유화제로 대체 가능 • 우유 단백질 추출물은 여타 플로럴 워터 혹은 추출물로 대체 가능 • 향료는 에센셜 오일 혹은 프래그런스 오일 총합 2g

1 가루 재료를 골고루 섞은 뒤 2테이블스푼(약 35g)은 작은 용기에 따로 담아 줍니다.

2 덜어 둔 가루 재료에 브라운 색소를 20방울 넣어 주세요.

3 손으로 뭉개듯이 비벼서 가루에 색을 골고루 입혀 줍니다.

4 위치하젤 워터를 1회 분사하여 섞어 주세요. 뭉치는 텍스처의 반죽이 만들어집니다.

5 30mm 원형 몰드 반쪽에 반죽을 가득 담아 손바닥으로 꾹 눌러 압축해 주세요. 총 4개를 동일하게 만들어 줍니다.

6 몰드 옆쪽을 살짝 눌러 벗겨 주세요. 완성된 열매 모양은 냉동실에 넣어 5~10분간 굳혀 줍니다.

NOTE 냉동실 안에서 10분을 넘기지 마세요. 냉동실의 수증기가 배스밤에 닿으면 표면에 기포가 생깁니다.

7 시어버터 5g을 유리 비커에 계량해 담고, 뜨거운 물에 중탕하면 리퀴드 형태가 됩니다.

8 시어버터를 녹인 유리 비커에 나머지 액체 재료도 계량해 넣어 줍니다.

9 액체 재료를 흔들어 잘 섞은 뒤 가루 재료에 부어 주세요. 그리고 골고루 혼합해 줍니다.
※ 배스밤 혼합하기 21페이지

10 60mm 원형 몰드 반쪽에 열매 모양 배스밤을 넣고, 흰색 반죽으로 채워 줍니다.

11 나머지 반쪽 몰드에도 반죽을 담고 압축해 주세요.
※ 배스밤 압축하기 23페이지

12 수시로 수분도를 확인하여, 반죽이 마른 경우 위치하젤 워터를 1회 분사한 후 골고루 섞어 주세요.
※ 배스밤 수분도 맞추기 24페이지

13 나머지 3개도 동일하게 만들어 줍니다.
NOTE 반죽이 몰드에 달라붙지 않도록, 압축 후 위아래 몰드를 돌려 공기가 통하게 해 주세요.

※ **건조 시간** : 배스밤은 몰드에 넣은 상태로 10~20분 건조 후 포장합니다. 완전히 건조되는 데는 약 1일 소요되며 포장 시 탄산가스가 방출될 수 있도록 구멍을 내 주세요. 완성된 입욕제는 상자에 넣어 하나씩 꺼내 사용합니다.

※ **용법 및 용량** : 욕조에 물을 충분히 담고 배스밤을 넣어 주세요. 1인 욕조 기준 1개씩 사용합니다. 부족하다면 추가로 넣어도 좋습니다.

※ **사용 및 보관** : 1년 이내 사용. 직사광선을 피해 서늘한 곳에 보관. 에센셜 오일이 휘발성이 있으니 밀봉하거나 상자에 잘 넣어 보관해 주세요.

03

아로마 까눌레 배스밤
aroma cannele bath bomb

✦ ✦ ✦

독특하고 예쁜 까눌레 배스밤은 만들기 또한 매우 간단합니다.
하나하나 다른 컬러와 아로마 향기를 조합해 나에게 딱 맞는
배스밤을 사용해 보세요.

난이도	★★☆☆☆
소요 시간	30분
도구	작은 스텐볼, 위생 장갑, 까눌레 틀(스텐 사용, 실리콘 불가)
색소	핑크, 옐로우, 브라이트블루, 퍼플, 브라이트그린
레시피	100g (1개 분량)
	[가루 재료] 베이킹소다 60g, 구연산 30g, 옥수수 전분 5g
	[액체 재료] 에센셜 오일 총 20방울, 위치하젤 워터 스프레이
참고	• 에센셜 오일 계량
	라벤더-만다린 5방울, 라벤더 15방울
	레몬-만다린 10방울, 레몬 10방울
	유칼립투스-만다린 10방울, 유칼립투스 10방울
	로즈-만다린 17방울, 로즈 3방울
	샌들우드-만다린 10방울, 샌들우드 10방울
	• 만들고 싶은 개수만큼 작은 스텐볼에 가루 재료를 100g 단위로 나누어 계량해 주세요.

1 작은 용기에 가루 재료를 계량해 담고 손으로 가루를 골고루 섞어 줍니다.

2 가루 재료에 만다린 에센셜 오일 5방울, 라벤더 에센셜 오일 15방울을 넣어 주세요.

3 브라이트그린 색소 한 방울도 떨어뜨려 주세요.

4 계량스푼으로 색소 덩어리를 뭉개면서 가루 재료에 색을 골고루 입혀 줍니다. 스푼이 없는 경우에는 손으로 섞어도 좋습니다.

5 위치하젤 워터를 3회(약 0.5g) 뿌리고 손으로 가루를 뭉개며 골고루 섞어 주세요.
NOTE 쌀 반죽처럼 덩어리지는 정도가 적당합니다. 필요 시 위치하젤 워터를 추가로 뿌려 주세요.

 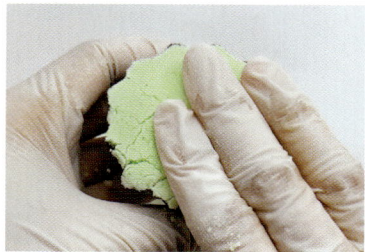 

6 반죽을 까눌레 틀에 꾹꾹 눌러 가며 가득 넣어 주세요. 가장자리의 뾰족하게 나온 부분도 꼼꼼하게 압축해 줍니다.
NOTE 꼼꼼하게 압축하지 않으면 배스밤이 부서질 수 있습니다.

7 틀을 바닥에 쿵 쳐서 배스밤을 꺼내 줍니다.

　NOTE 반죽을 틀에 넘치게 담으면 배스밤이 나오지 않습니다. 까눌레 밑면이 평평해야 배스밤이 쉽게 분리됩니다.

8 나머지도 동일한 방법으로 만들어 주세요.

TIP　5가지 아로마 효능

　　라벤더 – 머리가 복잡하고 쉽게 잠들지 않을 것 같은 날엔 라벤더 배스밤을 선택하세요.
　　레몬 – 추적추적 비가 내리는 날엔 레몬 배스밤으로 하루를 쾌적하게 마무리해 보세요.
　　유칼립투스 – 감기 증상이 있다면, 따뜻한 물에 유칼립투스 배스밤을 풀어 편안히 몸을 녹여 보세요.
　　로즈 – 로즈 에센셜 오일은 스트레스와 폐경기 증상을 완화하는 효과도 있어 여성에게 정말 좋은 원료입니다.
　　샌들우드 – 유난히 지치고 힘든 날엔 샌들우드 오일을 넣은 배스밤으로 재충전하세요.

※ **건조 시간** : 배스밤은 약 30분 건조 후 포장합니다. 완전히 건조되는 데는 약 1일 소요되며 포장 시 탄산가스가 방출될 수 있도록 구멍을 내 주세요. 완성된 입욕제는 상자에 넣어 하나씩 꺼내 사용합니다.

※ **용법 및 용량** : 욕조에 물을 충분히 담고 배스밤을 넣어 주세요. 1인 욕조 기준 1개씩 사용합니다. 부족하다면 추가로 넣어도 좋습니다.

※ **사용 및 보관** : 1년 이내 사용. 직사광선을 피해 서늘한 곳에 보관. 에센셜 오일이 휘발성이 있으니 밀봉하거나 상자에 잘 넣어 보관해 주세요.

04

봄을 담은 벚꽃 배스밤
cherry blossom bath bomb

✦ ✦ ✦

벚꽃잎에는 풍부한 비타민이 있어 피부결을 부드럽게 만들어 줍니다.
따뜻한 봄엔 벚꽃 추출물을 넣은 핑크빛 벚꽃 배스밤을 만들어
감사한 사람들에게 선물해 보세요.

난이도	★★☆☆☆
소요 시간	30분
도구	스텐볼, 유리 비커, 위생 장갑, 벚꽃 틀, 스크래퍼, 트레이
색소	핑크, 네온핑크, 옐로우
레시피	500g (6개 분량)
	[가루 재료] 베이킹소다 300g, 구연산 150g, 주석산 40g
	[액체 재료] 올리브 리퀴드 1g, 카렌듈라 인퓨즈드 오일 3g, 달맞이꽃 오일 2g, 벚꽃 추출물 1g, 체리블라썸 프래그런스 오일 2g
참고	• 올리브 리퀴드는 라우라미도프로필베타인 외 여타 유화제로 대체 가능 • 카렌듈라 인퓨즈드 오일 및 달맞이꽃 오일은 여타 식물성 오일로 대체 가능 • 향료는 에센셜 오일 혹은 프래그런스 오일 총합 2g

 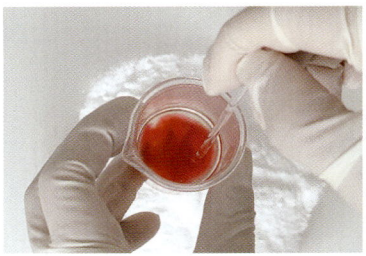

1 가루 재료는 스텐볼에 계량해 담습니다. 액체 재료는 유리 비커에 계량해 담고,
핑크 색소 4방울, 네온핑크 색소 6방울, 옐로우 색소 3방울을 넣고 잘 섞어 주세요.

 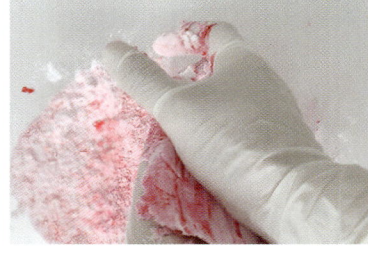 

2 액체 재료를 가루 재료에 붓고 골고루 섞어 줍니다.
※ 배스밤 혼합하기 21페이지

3 벚꽃 틀에 반죽을 크게 쥐어 눌러 가며 넣어 줍니다.

4 꾹꾹 눌러 가며 가득 채워 줍니다.
단단하게 넣어 주세요.

5 스크래퍼로 표면을 평평하게 다듬어 주세요.

6 손가락으로 한 번 더 꼼꼼하게 압축해 줍니다.

7 트레이에 엎어서 꺼내 주세요. 남은 반죽도 동일하게 만들어 줍니다.

- ※ **건조 시간** : 배스밤은 약 3시간 충분히 건조 후 포장합니다(습기 주의). 완전히 건조되는 데는 약 1일 소요되며 포장 시 탄산가스가 방출될 수 있도록 구멍을 내 주세요. 완성된 입욕제는 상자에 넣어 하나씩 꺼내 사용합니다.
  NOTE 실내 습도가 40% 이상인 경우, 배스밤이 건조되는 동안 습기가 닿지 않도록 종이 포일 등으로 덮어 주세요.
- ※ **용법 및 용량** : 욕조에 물을 충분히 담고 배스밤을 넣어 주세요. 1인 욕조 기준 1개씩 사용합니다. 부족하다면 추가로 넣어도 좋습니다.
- ※ **사용 및 보관** : 1년 이내 사용, 직사광선을 피해 서늘한 곳에 보관. 에센셜 오일이 휘발성이 있으니 밀봉하거나 상자에 잘 넣어 보관해 주세요.

05

드라이 허브 배스밤

dry herb bath bomb

✦ ✦ ✦

디저트 컵을 이용하여 독특한 스퀘어 모양의 배스밤을 만들 수 있어요.
콕콕 박힌 드라이 허브가 내추럴한 느낌을 더해 줍니다.
드라이 허브가 떨어지지 않게 붙이는 요령을 알려 드릴게요!
그리고 누구나 쉽게 할 수 있는 골드 펄 페인팅은
배스밤의 매력을 한층 높여 줍니다.

난이도	★★☆☆☆
소요 시간	20분
도구	스텐볼, 유리 비커, 위생 장갑, 디저트컵 4개, 트레이 혹은 나무 도마
레시피	500g (3개 반 분량)
	[가루 재료] 베이킹소다 300g, 구연산 150g, 주석산 40g
	[액체 재료] 올리브 리퀴드 1g, 마카다미아 넛 오일 6g, 편백 워터 1g, 라벤더 에센셜 오일 1g, 클라리세이지 에센셜 오일 0.5g, 티트리 에센셜 오일 0.5g
	[기타 재료] 로즈·카렌듈라·라벤더 드라이 허브, 골드 펄, 무수 에탄올
참고	• 올리브 리퀴드는 라우라미도프로필베타인 외 여타 유화제로 대체 가능
	• 마카다미아 넛 오일은 여타 식물성 오일로 대체 가능
	• 편백 워터는 여타 플로럴 워터 혹은 추출물로 대체 가능
	• 향료는 에센셜 오일 혹은 프래그런스 오일 총합 2g
	• 골드 펄 데코는 생략 가능

1 가루 재료와 액체 재료를 각각 계량해 담고, 액체 재료를 가루 재료가 있는 볼에 부어 줍니다.

  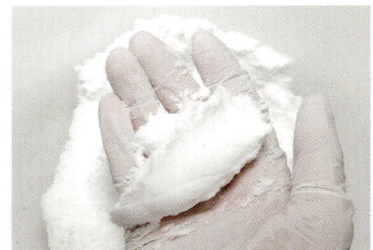

2 골고루 혼합해 줍니다.
※ 배스밤 혼합하기 21페이지

 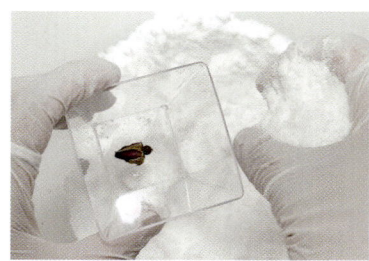 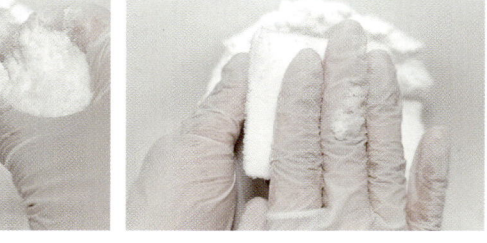

3 컵에 드라이 허브를 넣고 반죽을 뿌리듯이 살살 넣어 주세요.
NOTE 드라이 허브는 꽃잎끼리 서로 위로 쌓이지 않도록 넓게 펴 주세요. 그래야 반죽에 깔끔하게 붙습니다. 드라이 허브를 넣고 반죽을 덩어리지게 넣으면 허브가 밀려 한쪽으로 쏠릴 수 있으니, 드라이 허브가 반죽으로 덮일 때까지는 조금씩 뿌려 가며 넣어 주세요.

4 손으로 평평하게 눌러 줍니다. 단단하게 담아 주세요.

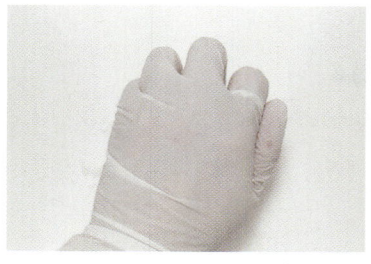 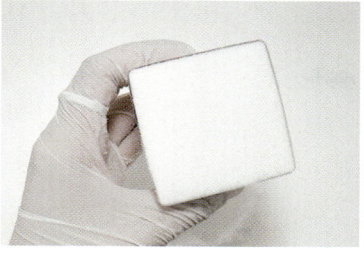 

5 바닥에 놓고 꾹 눌러 주세요. 밑면을 매끈하게 만들 수 있습니다.

6 트레이나 나무 도마에 놓고 스푼으로 톡톡 두드려 컵을 벗겨 줍니다.

7 화장품용 골드 펄을 무수 에탄올에 녹여 물감 같은 텍스처로 만들고 붓으로 칠해 포인트를 줄 수 있어요.

> **NOTE** 소독용 에탄올이 아닌 무수 에탄올을 사용해야 합니다. 소독용 에탄올에는 약 17% 정도 정제수(물)가 포함되어 있어 배스밤과 만나면 반응합니다.

- ※ **건조 시간** : 배스밤은 약 3시간 충분히 건조 후 포장합니다. 완전히 건조되는 데는 약 1일 소요되며 포장 시 탄산가스가 방출될 수 있도록 구멍을 내 주세요. 완성된 입욕제는 상자에 넣어 하나씩 꺼내 사용합니다.
  > **NOTE** 실내 습도가 40% 이상인 경우, 배스밤이 건조되는 동안 습기가 닿지 않도록 종이 포일 등으로 덮어 주세요.
- ※ **용법 및 용량** : 욕조에 물을 충분히 담고 배스밤을 넣어 주세요. 1인 욕조 기준 1개씩 사용합니다. 부족하다면 추가로 넣어도 좋습니다.
- ※ **사용 및 보관** : 1년 이내 사용. 직사광선을 피해 서늘한 곳에 보관. 에센셜 오일이 휘발성이 있으니 밀봉하거나 상자에 잘 넣어 보관해 주세요.

06

미네랄 솔트 배스밤

mineral salt bath bomb

✦ ✦ ✦

마그네슘과 황산염 등으로 구성된 엡솜 솔트 $^{epsom\ salt}$는 독소 배출에 효과적입니다. 통증 치료에도 사용되며 근육을 진정시키고 붓기를 줄이는 데 도움을 주어 반신욕 효과를 더욱 높일 수 있습니다. 엡솜 솔트를 넣으면 표면에 투명한 소금이 박힌 단단한 배스밤을 만들 수 있습니다. 미네랄 솔트 배스밤으로 배스솔트와 배스밤의 효과를 한번에 누려 보세요!

난이도	★★★☆☆
소요 시간	30분
도구	스텐볼, 작은 스텐볼 3개, 계량스푼, 위생 장갑, 투명 원형 몰드 60mm 4개
색소	브라이트블루, 퍼플, 브라이트그린, 틸그린
레시피	500g (4개 분량) [가루 재료] 베이킹소다 300g, 구연산 150g, 옥수수 전분 35g, 엡솜 솔트 5g [액체 재료] 올리브 리퀴드 0.5g, 살구씨 오일 4g, 히알루론산 0.5g, 레몬 에센셜 오일 1g, 스피어민트 에센셜 오일 1g

참고	• 올리브 리퀴드는 라우라미도프로필베타인 외 여타 유화제로 대체 가능
	• 살구씨 오일은 여타 식물성 오일로 대체 가능
	• 히알루론산은 글리세린으로 대체 가능
	• 향료는 에센셜 오일 혹은 프래그런스 오일 총합 2g
	• **컬러별 반죽 용량**
	  총 500g = 파랑 50g + 연두 50g + 청록 50g + 하늘 350g
	• **컬러별 색소 용량**
	  하늘 - 브라이트블루 반 방울
	  파랑 - 브라이트블루 1방울, 퍼플 반 방울
	  연두 - 브라이트그린 2방울
	  청록 - 틸그린 1방울

1 가루 재료를 볼에 계량하여 골고루 섞은 뒤, 작은 스텐볼 3개에 가루를 2스푼(약 50g)씩 소분해 주세요.

2 작은 스텐볼 3개에 나눠 담은 가루에 각각 색소를 넣어 줍니다.

3 손가락으로 가루를 뭉개면서 색소를 골고루 입혀 줍니다.

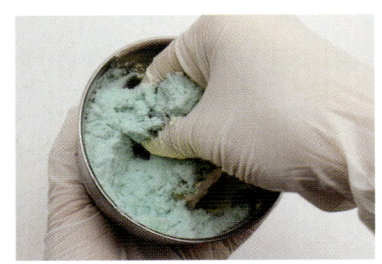

4 나눠 담은 가루 모두 색소를 골고루 입혀 줍니다.

5 액체 재료에 브라이트블루 반 방울을 넣고 골고루 섞은 뒤, 나머지 가루 재료에 부어 혼합해 주세요.

※ 배스밤 혼합하기 21페이지

6 수분도가 적절한지 확인해 주세요. 반죽이 마른 경우 위치하젤 워터를 1회 분사하여 잘 섞어 줍니다.

※ 배스밤 수분도 맞추기 24페이지

7 작은 스텐볼 3개에 각각 위치하젤 워터를 1회 분사하고 손가락으로 뭉개듯 힘주어 잘 섞어 줍니다. 촉촉한 모래 같은 텍스처를 만들어 주세요.

8 4가지 배스밤 반죽은 모두 촉촉한 상태여야 합니다. 수시로 수분도를 확인해 주세요.

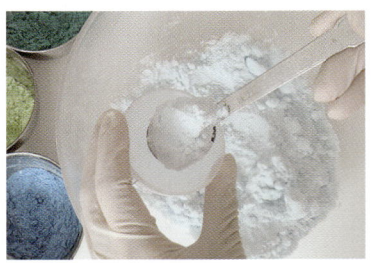

9 스푼으로 원형 몰드 반쪽에 하늘색 반죽을 조금 담고 가장자리를 매끄럽게 만들어 줍니다.

10 나머지 색깔의 반죽도 층층이 자유롭게 담아 주세요.

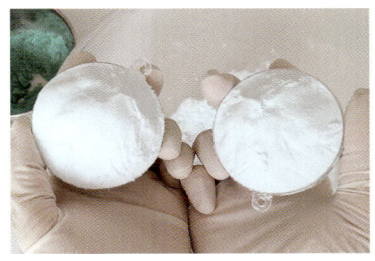  

11 두 개의 반구를 압축해 줍니다. 수시로 수분도를 맞춰 주며 나머지도 동일하게 완성해 주세요.
　　NOTE 반죽이 몰드에 달라붙지 않도록, 압축 후 위아래 몰드를 돌려 공기가 통하게 해 주세요.
　　※ 배스밤 압축하기 23페이지

※ **건조 시간** : 배스밤은 몰드에 넣은 상태로 10~20분 건조 후 포장합니다. 완전히 건조되는 데는 약 1일 소요되며 포장 시 탄산가스가 배출될 수 있도록 구멍을 내 주세요. 완성된 입욕제는 상자에 넣어 하나씩 꺼내 사용합니다.
※ **용법 및 용량** : 욕조에 물을 충분히 담고 배스밤을 넣어 주세요. 1인 욕조 기준 1개씩 사용합니다. 부족하다면 추가로 넣어도 좋습니다.
※ **사용 및 보관** : 1년 이내 사용. 직사광선을 피해 서늘한 곳에 보관. 에센셜 오일이 휘발성이 있으니 밀봉하거나 상자에 잘 넣어 보관해 주세요.

07
로즈잎 하트 배스밤
rose petal heart bath bomb

✦ ✦ ✦

하트 배스밤은 쿠키 커터를 활용해서 만들어 볼 거예요.
다양한 도구를 활용할 수 있게 되면, 보다 새로운 디자인의 배스밤을
만들 수 있습니다. 로즈잎 하트 배스밤은 심플하지만
화사한 컬러감이 눈길을 사로잡아요!

난이도	★★★☆☆
소요 시간	20분
도구	스텐볼, 작은 스텐볼, 계량스푼, 유리 비커, 위생 장갑, 하트 쿠키 커터, 아크릴판
색소	핑크, 옐로우
레시피	500g (5개 분량)

[가루 재료] 베이킹소다 300g, 구연산 150g, 주석산 40g

[액체 재료] 올리브 리퀴드 1g, 스위트 아몬드 오일 4g, 달맞이꽃 오일 1g,
로즈 워터 0.5g, 클라리세이지 에센셜 오일 1g,
로즈메리 에센셜 오일 0.75g, 로즈 에센셜 오일 0.25g

[기타 재료] 로즈 드라이 허브

참고
- 올리브 리퀴드는 라우라미도프로필베타인 외 여타 유화제로 대체 가능
- 스위트 아몬드 오일 및 달맞이꽃 오일은 여타 식물성 오일로 대체 가능
- 로즈 워터는 여타 플로럴 워터 혹은 추출물로 대체 가능
- 향료는 에센셜 오일 혹은 프래그런스 오일 총합 2g

1 가루 재료를 볼에 계량한 후 골고루 섞고 2스푼(약 50g) 크게 떠서 따로 빼놓습니다.

2 액체 재료를 담은 유리 비커에 핑크 색소 3방울, 옐로우 색소 2방울을 넣고 골고루 섞어 줍니다. 화장품용 미니 블렌더 또는 유리막대나 시약스푼 등을 이용해서 잘 섞어 주세요.

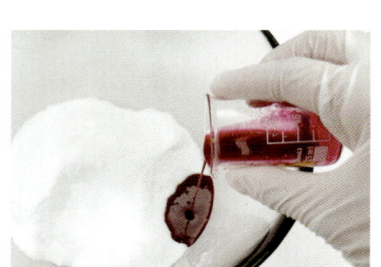 

3 가루 재료에 액체 재료를 넣고 골고루 섞어 주세요.

※ 배스밤 혼합하기 21페이지

4 따로 빼놓은 가루에 위치하젤 워터를 1회 분사 후 손가락으로 뭉개며 섞어 뭉치는 텍스처로 만듭니다.

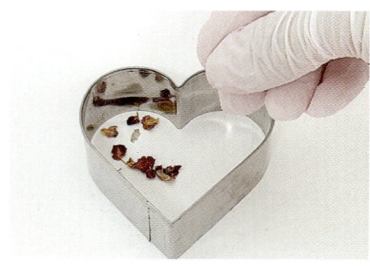 

5 하트 모양 쿠키 커터를 바닥에 놓고 그 안에 로즈잎을 뿌려 주세요.

NOTE 로즈잎을 서로 위로 쌓이지 않게 놓아야 잎이 떨어지지 않고 배스밤에 붙어 있습니다.

6 그 위에 흰색 반죽을 살살 뿌려 가며 전체적으로 평평하게 깔아 줍니다.

7 핑크색 반죽도 채우고 손으로 가볍게 눌러 가며 가득 담아 줍니다. 평평한 판으로 윗면을 꾹 눌러 주면 표면을 매끄럽게 만들 수 있습니다.
   NOTE 너무 눌러 담으면 쿠키 커터가 늘어나면서 배스밤이 잘 빠지지 않으니 유의하세요.

 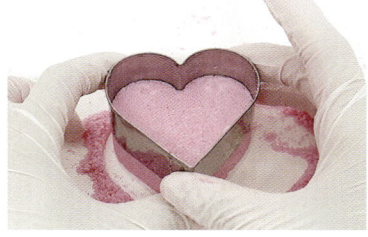 

8 쿠키 커터에 담긴 배스밤을 트레이에 옮겨 놓고, 쿠키 커터 옆면을 전체적으로 가볍게 눌러 벗겨 줍니다.

9 나머지 반죽도 동일하게 만들어 주세요.

※ **건조 시간** : 하트 배스밤은 약 3시간 이상 충분히 건조 후 포장합니다. 그래야 뾰족한 표면까지 뭉개지지 않고 단단하게 굳힐 수 있습니다. 완전히 건조되는 데는 약 1일 소요되며 포장 시 탄산가스가 방출될 수 있도록 구멍을 내 주세요. 완성된 입욕제는 상자에 넣어 하나씩 꺼내 사용합니다.
   NOTE 실내 습도가 40% 이상인 경우, 배스밤이 건조되는 동안 습기가 닿지 않도록 종이 포일 등으로 덮어 주세요.

※ **용법 및 용량** : 욕조에 물을 충분히 담고 배스밤을 넣어 주세요. 1인 욕조 기준 1개씩 사용합니다. 부족하다면 추가로 넣어도 좋습니다.

※ **사용 및 보관** : 1년 이내 사용. 직사광선을 피해 서늘한 곳에 보관. 에센셜 오일이 휘발성이 있으니 밀봉하거나 상자에 잘 넣어 보관해 주세요.

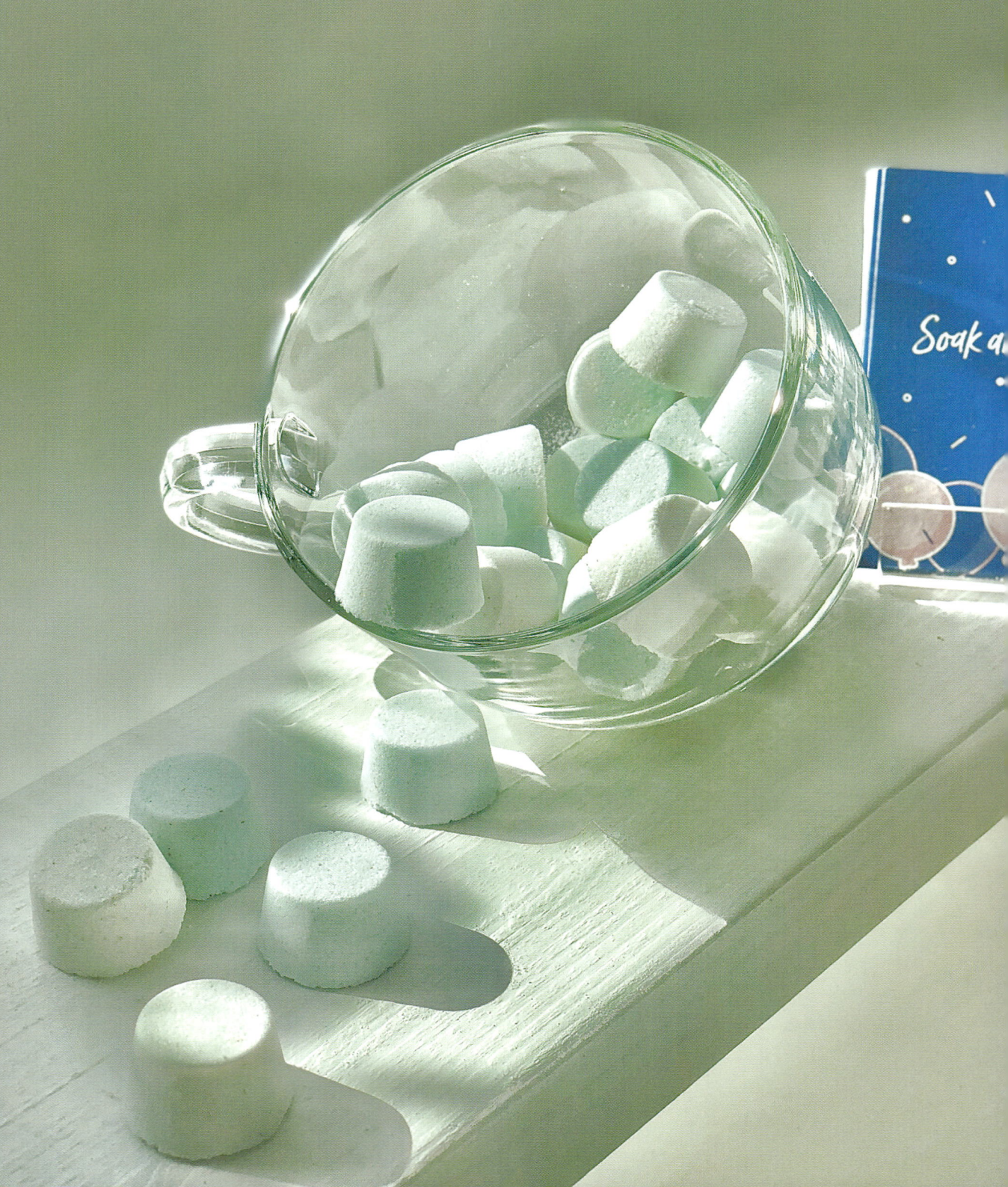

08

베이비 밀크 바스볼
baby milk bath ball

✦ ✦ ✦

오트밀은 기저귀 발진으로 자극받은 아기 피부를 진정시킬 뿐만 아니라
보습에도 뛰어납니다. 오트밀이 가득한 입욕제를 사용하면
피부가 부드러워지는 것을 바로 느낄 수 있습니다.
우유 단백질 추출물은 수분을 공급해 건조한 피부에 도움을 줍니다.
내 아기를 위한 입욕제, 건강한 원료로 직접 만들어 보세요!

난이도	★★☆☆☆
소요 시간	20분
도구	스텐볼, 위생 장갑, 스푼, 원형 초콜릿 몰드, 용기
색소	브라이트블루 (선택)
레시피	310g (10회 분량) [가루 재료] 베이킹소다 200g, 구연산 100g, 오트밀 분말 10g [액체 재료] 우유 단백질 추출물 1.5g, 만다린 에센셜 오일 0.5g, 스위트오렌지 에센셜 오일 0.5g
참고	• 우유 단백질 추출물은 여타 플로럴 워터 혹은 추출물로 대체 가능 • 향료는 에센셜 오일 혹은 프래그런스 오일 총합 1g

1 스텐볼에 가루 재료를 계량한 후 만다린 에센셜 오일 10방울 및 스위트오렌지 에센셜 오일 10방울을 떨어뜨립니다.

2 우유 단백질 추출물 1.5g을 넣고 양손으로 크게 떠서 힘주어 뭉개듯이 10회 섞어 줍니다.

3 반죽은 촉촉하게 잘 뭉치는 텍스처가 적당합니다.

4 반죽을 몰드에 꾹꾹 눌러 넣어 주세요.

5 단단하게 압축해 주며 반죽을 한번에 모두 몰드에 넣어 줍니다.
NOTE 조금씩 넣으면 볼에 남은 반죽이 금방 말라버릴 수 있으니 한번에 넣어 주는 게 더 수월합니다.

6 스푼으로 표면을 문질러 매끄럽게 다듬을 수 있습니다. 모두 압축해 주세요.

7 취향에 따라 색소를 소량 넣어 만들어 보세요.

TIP 사용하고 남은 오트밀 분말로 인샤워 바디팩 만들기

재료 : 오트밀 분말, 물
만들기 : 오트밀 분말이 잘 풀어질 정도로 물을 넣어 저어 주세요.
사용법 : 샤워 후에 액상으로 만든 오트밀 분말을 피부에 부드럽게 문질러 주고 물로 헹구어 냅니다. 피부가 건조해지지 않게 수분을 유지시켜 주는 효과가 있어요. 만들어 놓은 팩은 보관하지 말고 바로 모두 사용해 주세요.

※ **건조 시간** : 몰드에 넣은 상태로 하루 동안 충분히 굳혀 주세요. 완성된 입욕제는 용기에 담고 하나씩 꺼내 사용합니다.
  NOTE 실내 습도가 40% 이상인 경우, 배스밤이 건조되는 동안 습기가 닿지 않도록 종이 포일 등으로 덮어 주세요.

※ **용법 및 용량** : 베이비 밀크 바스볼은 1회 2~3개를 아기 욕조에 넣어 주세요. 부족하다면 추가로 넣어도 좋습니다. 목욕 시간은 15분에서 20분이 적당합니다. 계면활성제가 첨가되지 않아 세정 효과는 없지만 아기를 가볍게 씻길 때나, 목욕 후 보습을 위해 사용하면 좋습니다.

※ **사용 및 보관** : 1년 이내 사용, 직사광선을 피해 서늘한 곳에 보관. 에센셜 오일이 휘발성이 있으니 밀봉하거나 용기에 잘 넣어 보관해 주세요.

09

비치볼 배스밤
beach ball bath bomb

✦ ✦ ✦

동그란 배스밤 몰드에 4가지 컬러를 사등분으로 딱 떨어지게 나누는 방법을
배워 볼게요. 비치볼처럼 알록달록 화사한 컬러로 구성해야 라인도 선명하게 보이고
훨씬 귀여워요. 정확하게 선이 맞물리게 만드는 게 어려울 수 있으니
다른 배스밤 디자인을 충분히 연습한 후에 도전해 보세요.

난이도 ★★★★★

소요 시간 30분

도구 스텐볼, 작은 스텐볼 3개, 유리 비커, 위생 장갑, 계량스푼,
투명 원형 몰드 60mm 2개, 브러시(혹은 붓), 펜, 가위, PP 재질의 파일

색소 핑크, 옐로우, 브라이트그린, 브라이트블루

레시피 250g (2개 분량)
[가루 재료] 베이킹소다 150g, 구연산 75g, 주석산 20g
[액체 재료] 올리브 리퀴드 0.5g, 스위트 아몬드 오일 3g, 위치하젤 워터 0.5g,
스위트오렌지 에센셜 오일 0.5g, 라벤더 에센셜 오일 0.25g,
시더우드 에센셜 오일 0.25g

참고
- 올리브 리퀴드는 라우라미도프로필베타인 외 여타 유화제로 대체 가능
- 스위트 아몬드 오일은 여타 식물성 오일로 대체 가능
- 위치하젤 워터는 여타 플로럴 워터 혹은 추출물로 대체 가능
- 향료는 에센셜 오일 혹은 프래그런스 오일 총합 1g
- **컬러별 반죽 용량**
  총 250g = 분홍 50g + 노랑 50g + 연두 50g + 하늘 100g

▶사등분 틀 만들기

 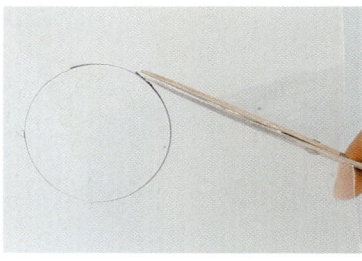 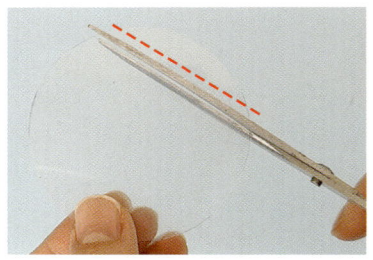

1 PP 재질의 파일 위에 몰드를 대고 동그라미를 2개 그려 주세요. 서류를 넣는 투명 파일도 사용 가능합니다.

2 그림을 따라서 가위로 잘라 주세요. 나머지 하나도 동일하게 만들어 주세요.

3 동그라미의 1/3 정도를 잘라 냅니다. 나머지 하나도 동일하게 만들어 주세요.

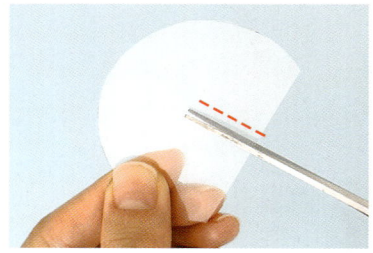 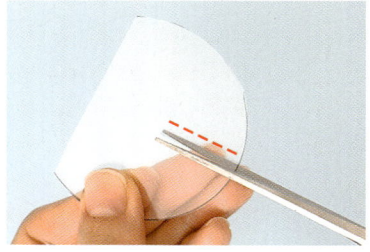

4 동그라미 하나는 잘린 쪽의 가운데 절반을 잘라 주고, 나머지 하나는 잘리지 않은 쪽의 가운데 절반을 잘라 주세요.

5 두 개의 동그라미를 교차해서 끼우면 십자(十)가 되어요.

6 몰드에 끼워 잘 맞는지 확인해 주세요. 잘 들어가지 않으면 둥근 부분을 조금 더 바짝 잘라 주세요.

▶배스밤 만들기

7 가루 재료를 볼에 계량하고, 액체 재료를 흔들어 잘 섞은 뒤 가루 재료에 부어 주세요.

8 골고루 혼합해 주세요.
※ 배스밤 혼합하기 21페이지

9 작은 볼 3개에 2스푼씩(약 50g) 반죽을 소분해 주세요.

10 하나씩 색을 입혀 줍니다. 손가락으로 힘을 주어 반죽을 뭉개면서 색을 입혀 주세요.
NOTE 손으로 힘 없이 비비면 반죽이 빨리 마를 뿐만 아니라 색도 잘 입혀지지 않으니 유의하세요.

 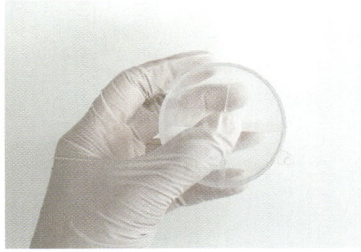 

11 모든 컬러가 완성되었습니다. 수분도를 체크해 주세요.
※ 배스밤 수분도 맞추기 24페이지

12 엄지손가락으로 십자(十) 틀 가운데를 고정하고 반죽을 하나씩 채워 주세요.
NOTE 가볍게 눌러 담아 주세요. 너무 세게 누르면 틀이 밀려서 모양이 흐트러질 수 있습니다.

13 반죽이 옆쪽으로 밀려 나오면, 스푼 뒤쪽으로 다시 밀어 넣어 주세요. 브러시로 털어 내도 좋습니다.

14 반죽을 모두 넣으면 십자 틀을 뽑아 주고, 하나 더 동일하게 만들어 줍니다.

15 하늘색 반죽을 두 개의 원형 몰드 위로 쌓아 주세요.

16 두 개의 원형 몰드를 압축합니다. 몰드의 위아래를 돌려 공기가 통하게 해 주세요. 나머지 하나도 동일하게 만들어 줍니다.

※ 배스밤 압축하기 23페이지

TIP 다양한 배스밤 컬러링

컬러	색소 첨가량 (반죽 100g 기준)
코랄핑크	핑크 3방울, 옐로우 1방울
오렌지	옐로우 4방울, 핑크 1방울
민트	틸그린 1방울, 브라이트블루 반 방울
라임	옐로우 5방울, 브라이트블루 극소량 (이쑤시개로 찍어 묻히기)
딥그린	틸그린 3방울, 옐로우 2방울, 핑크 반 방울

※ **건조 시간** : 배스밤은 몰드에 넣은 상태로 10~20분 건조 후 포장합니다. 완전히 건조되는 데는 약 1일 소요되며 포장 시 탄산가스가 방출될 수 있도록 구멍을 내 주세요. 완성된 입욕제는 상자에 넣어 하나씩 꺼내 사용합니다.

※ **용법 및 용량** : 욕조에 물을 충분히 담고 배스밤을 넣어 주세요. 1인 욕조 기준 1개씩 사용합니다. 부족하다면 추가로 넣어도 좋습니다.

※ **사용 및 보관** : 1년 이내 사용, 직사광선을 피해 서늘한 곳에 보관. 에센셜 오일이 휘발성이 있으니 밀봉하거나 상자에 잘 넣어 보관해 주세요.

10
프로포즈 배스밤
proposal bath bomb

✦ ✦ ✦

독특한 프로포즈 이벤트 아이디어가 필요하다면,
배스밤에 반지를 숨겨 보세요! 배스밤이 빙글빙글 녹고 나면
캡슐의 반지가 떠오르는 서프라이즈가 펼쳐집니다.
상큼한 자몽, 라임, 레몬그라스 향의 조합은
분위기를 더욱 밝고 즐겁게 만들어 주는 역할을 합니다.

난이도	★★★☆☆
소요 시간	30분
도구	스텐볼, 작은 스텐볼, 유리 비커, 시약스푼, 위생 장갑, 투명 하트 몰드 80mm 1개, 투명 하트 몰드 60mm 3개, 초콜릿 몰드, 캡슐
색소	핑크, 옐로우
레시피	500g (하트 큰 사이즈 1개, 작은 사이즈 3개 분량) **[가루 재료]** 베이킹소다 300g, 구연산 150g, 주석산 40g **[액체 재료]** 올리브 리퀴드 1g, 살구씨 오일 6g, 벚꽃 추출물 1g, 그레이프프루트 프래그런스 오일 1g, 레몬그라스 에센셜 오일 0.5g, 라임 에센셜 오일 0.5g
참고	• 올리브 리퀴드는 라우라미도프로필베타인 외 여타 유화제로 대체 가능 • 살구씨 오일은 여타 식물성 오일로 대체 가능 • 벚꽃 추출물은 여타 플로럴 워터 혹은 추출물로 대체 가능 • 향료는 에센셜 오일 혹은 프래그런스 오일 총합 2g

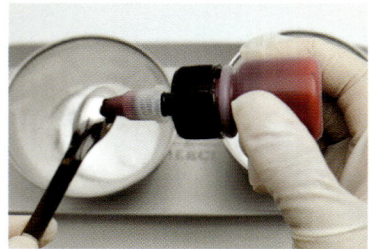
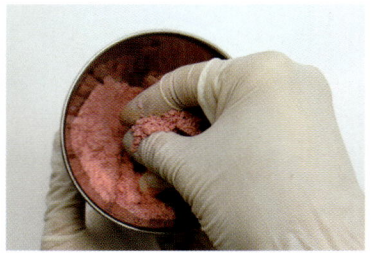

1 가루 재료를 볼에 계량해 담은 후 골고루 섞어 주세요.

2 가루 한 줌을 빼서 핑크 색소 4방울, 옐로우 색소 2방울을 넣어 주세요.

3 손으로 가루를 뭉개면서 색을 입혀 주세요.

NOTE 색소양이 많아 위치하젤 워터는 생략해도 됩니다.

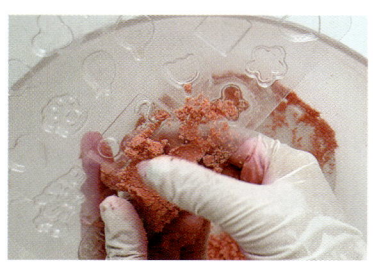

4 초콜릿 몰드의 원하는 모양에 가루를 넣어 꼼꼼하게 압축하고, 냉동실에 넣어 5분간 굳혀 줍니다.

5 굳히는 동안, 나머지 가루 재료에 액체 재료를 부어 혼합해 줍니다.

※ 배스밤 혼합하기 21페이지

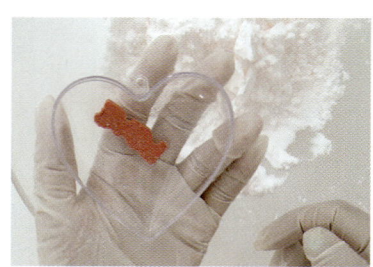

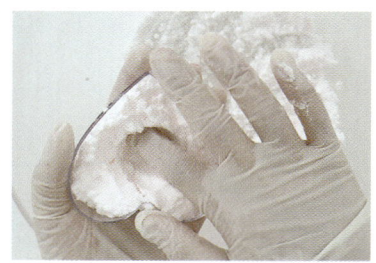

6 냉동실에서 몰드를 꺼내, 굳은 배스밤을 80mm 하트 몰드에 올려 줍니다.

7 흰색 반죽을 뿌리듯이 가득 채워 줍니다.

NOTE 반죽을 눌러 담으면 반지 캡슐이 들어가지 않으니 가볍게 채워 주세요.

8 몰드 가운데에 반지를 넣을 자리를 만들어 줍니다.

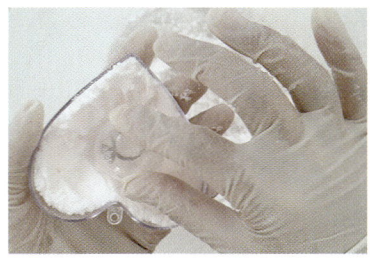

9 반지를 넣은 캡슐을 가운데에 가볍게 돌려 가며 넣어 주세요.

10 캡슐 주변에 반죽을 가볍게 눌러 채워 줍니다.

11 반대쪽 몰드에도 가루를 채워 넣고 두 개를 합쳐 압축해 줍니다.

※ 배스밤 압축하기 23페이지

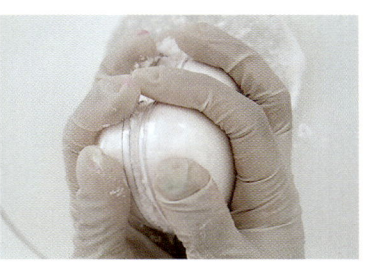

12 몰드를 위아래로 한 번씩 분리했다가 다시 가볍게 닫아 주세요. 남은 반죽은 60mm 하트 몰드에 압축해 모양을 내 주세요.

※ **건조 시간** : 배스밤은 몰드에 넣은 상태로 10~20분 건조 후 포장합니다. 완전히 건조되는 데는 약 1일 소요되며 포장 시 탄산가스가 방출될 수 있도록 구멍을 내 주세요. 완성된 입욕제는 상자에 넣어 하나씩 꺼내 사용합니다.

※ **용법 및 용량** : 욕조에 물을 충분히 담고 배스밤을 넣어 주세요. 1인 욕조 기준 1개씩 사용합니다. 부족하다면 추가로 넣어도 좋습니다.

※ **사용 및 보관** : 1년 이내 사용. 직사광선을 피해 서늘한 곳에 보관. 에센셜 오일이 휘발성이 있으니 밀봉하거나 상자에 잘 넣어 보관해 주세요.

11

달과 별, 밤하늘 배스밤
night sky bath bomb

✦ ✦ ✦

까만 밤하늘을 표현하기 위한 대나무 숯 분말은 피부 표면의 노폐물,
박테리아, 먼지 등 기타 이물질을 흡착하여 깨끗한 피부를 만들어 줍니다.
동그란 배스밤에 작은 별이 들어 있는 디자인은 누구나 쉽게 만들 수 있습니다.
반면 초승달 모양을 표현하는 디자인은 충분한 연습이 필요하여,
배스밤에 대해 어느 정도 이해가 선행된 후에
시도하면 좋은 결과를 얻을 수 있습니다.

난이도	별 ★★☆☆☆ 달 ★★★★★
소요 시간	30분
도구	스텐볼, 작은 스텐볼 2개, 유리 비커, 계량스푼, 위생 장갑, 투명 원형 몰드 60mm 2개, 별 모양 아이스 트레이
색소	옐로우
레시피	250g (2개 분량)

[가루 재료] 베이킹소다 150g, 구연산 75g, 주석산 10g, 숯 분말 10g
[액체 재료] 올리브 리퀴드 0.5g, 아보카도 오일 3g, 블루베리 추출물 0.5g, 라벤더 에센셜 오일 1g, 유칼립투스 에센셜 오일 0.5g, 티트리 에센셜 오일 0.5g
[기타 재료] 골드 펄, 무수 에탄올

참고
- 올리브 리퀴드는 라우라미도프로필베타인 외 여타 유화제로 대체 가능
- 아보카도 오일은 여타 식물성 오일로 대체 가능
- 블루베리 추출물은 여타 플로럴 워터 혹은 추출물로 대체 가능
- 향료는 에센셜 오일 혹은 프래그런스 오일 총합 2g

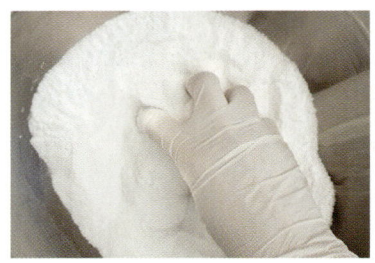

1 볼에 숯 분말을 제외한 가루 재료를 계량해 담고, 손으로 골고루 섞어 주세요.

2 작은 스텐볼 2개에 가루를 각각 한 스푼씩(약 25g) 소분해 주세요. 하나는 별 모양을 만들 노란 반죽, 하나는 달 모양을 만들 흰색 반죽이 될 거예요.

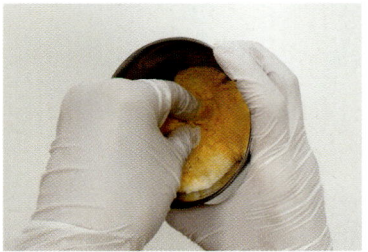

3 소분한 가루 재료에 옐로우 색소 3방울을 넣고 위치하젤 워터 1회 분사 후, 손으로 힘있게 뭉개며 색을 입혀 주세요.

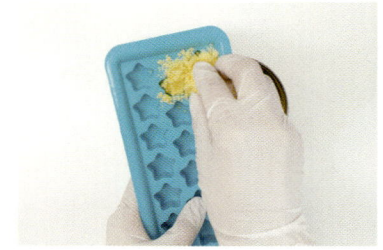

4 촉촉한 텍스처가 되면 별 모양 아이스 트레이에 반죽을 모두 넣고 압축해 줍니다.

5 단단하게 넣어 준 후, 손가락으로 문지르면 표면을 매끄럽게 만들 수 있어요.

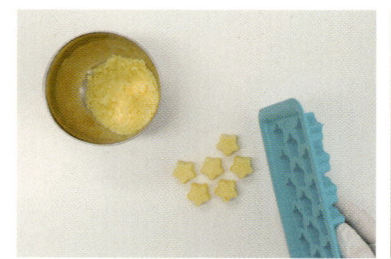

6 건조되면 아이스 트레이를 엎어 별 모양 배스밤을 꺼냅니다.

7 큰 볼에 남아 있는 가루 재료에 숯 분말을 넣고 골고루 섞은 후, 액체 재료를 넣고 혼합해 주세요.

※ 배스밤 혼합하기 21페이지

8 잘 뭉치는 촉촉한 모래 같은 텍스처가 되어야 합니다.

9 별 모양 배스밤을 원형 몰드에 놓습니다.

10 별 사이사이에 검은 반죽이 잘 채워지도록 손으로 뿌리듯이 넣어 주세요.

 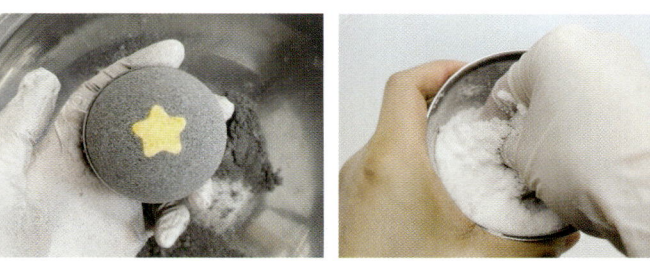

11 양쪽을 모두 만들어 압축합니다. 위아래 몰드를 돌려 공기가 통하게 해 주세요.

※ 배스밤 압축하기 23페이지

12 달 모양 배스밤을 만들기 위해, 작은 스텐볼에 담긴 흰색 가루에 위치하젤 워터를 1회 분사하여 골고루 섞어 줍니다. 촉촉한 모래 같은 제형으로 만들어 줍니다.

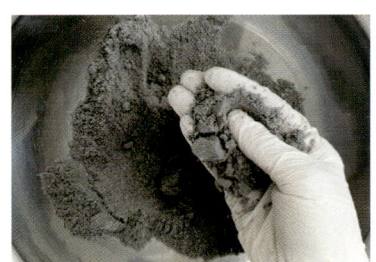 

13 검은색 반죽의 수분도를 확인합니다. 마른 경우 수분도를 맞춰 주세요.

NOTE 숯이 첨가되어 반죽이 더 빠르게 마를 수 있으니 수시로 수분도를 체크해 주세요.

※ 배스밤 수분도 맞추기 24페이지

14 원형 몰드에 계량스푼으로 검은색 반죽 한 스푼을 넣고, 한쪽 가장자리를 둥글게 다듬어 주세요.

15 그 위에 흰색 반죽을 작게 한 스푼 올리고, 마찬가지로 한쪽 가장자리를 둥글게 다듬어 주세요.

16 검은색 반죽을 채워 주세요.

17 반대쪽 몰드엔 검은색 반죽으로만 채워서 두 개 몰드를 합쳐 압축해 줍니다.

18 위아래 몰드를 돌려 공기가 통하게 해 주세요. 배스밤은 몰드에 넣은 상태로 건조합니다.

19 별과 달 배스밤이 완성되었습니다.

20 골드 펄로 별을 좀 더 강조해 줄 거예요. 골드 펄을 무수 에탄올에 녹여 물감 같은 텍스처로 만들어 주세요.

<u>21</u> 별에 칠해 주면 반짝이는 골드 별을 만들 수 있어요.

※ **건조 시간** : 배스밤은 몰드에 넣은 상태로 10~20분 건조 후 포장합니다. 완전히 건조되는 데는 약 1일 소요되며 포장 시 탄산가스가 방출될 수 있도록 구멍을 내 주세요. 완성된 입욕제는 상자에 넣어 하나씩 꺼내 사용합니다.

※ **용법 및 용량** : 욕조에 물을 충분히 담고 배스밤을 넣어 주세요. 1인 욕조 기준 1개씩 사용합니다. 부족하다면 추가로 넣어도 좋습니다. 대나무 숯 분말은 일시적으로 욕조에 묻어날 수 있습니다.

※ **사용 및 보관** : 1년 이내 사용. 직사광선을 피해 서늘한 곳에 보관. 에센셜 오일이 휘발성이 있으니 밀봉하거나 상자에 잘 넣어 보관해 주세요.

12
크리스마스 트리 배스밤
christmas tree bath bomb

✦ ✦ ✦

연말에 장식하기에도 좋은 크리스마스 트리 배스밤은
12월이면 작업실 한쪽에 항상 자리잡고 있어요.
트리 모양의 몰드는 벗겨 낼 때 어려워하는 경우가 많은데,
쉽게 할 수 있는 방법을 알려 드릴게요.

난이도	★★★★☆
소요 시간	40분
도구	스텐볼, 작은 스텐볼, 유리 비커, 계량스푼, 위생 장갑, 투명 트리 몰드 2개, 까눌레 틀 1개, 별 모양 아이스 트레이
색소	핑크, 블루, 틸그린
레시피	500g (트리 2개, 까눌레 1개 분량) [가루 재료] 베이킹소다 300g, 구연산 150g, 주석산 40g [액체 재료] 올리브 리퀴드 1g, 마카다미아 넛 오일 6g, 슈가레몬 프래그런스 오일 1g, 티트리 에센셜 오일 0.5g, 클라리세이지 에센셜 오일 0.5g
참고	• 올리브 리퀴드는 라우라미도프로필베타인 외 여타 유화제로 대체 가능 • 마카다미아 넛 오일은 여타 식물성 오일로 대체 가능 • 향료는 에센셜 오일 혹은 프래그런스 오일 총합 2g

1 가루 재료를 볼에 계량해 담고 골고루 섞은 뒤, 작은 스텐볼에 가루를 한 스푼(약 25g) 덜어 두세요.

2 덜어 둔 가루 재료에 핑크 색소 1방울을 넣고 위치하젤 워터 1회 분사 후, 손으로 힘있게 뭉개며 색을 잘 입혀 주세요.

3 촉촉한 모래 같은 텍스처가 되면 별 모양 아이스 트레이에 반죽을 모두 넣고 압축해 줍니다. 단단하게 넣어 준 후, 손가락으로 문지르면 표면을 매끄럽게 만들 수 있어요.

4 액체 재료에 틸그린 색소 8방울, 블루 색소 1방울을 넣고 골고루 섞어 주세요.

5 가루 재료와 액체 재료를 혼합해 주세요.

※ 배스밤 혼합하기 21페이지

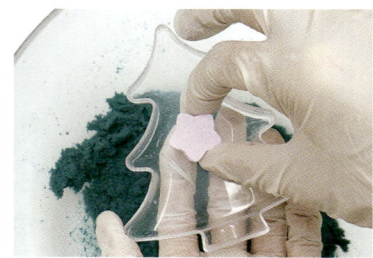

6 트리 몰드 한쪽에 별 모양 배스밤을 놓아 주세요.

7 별 모양 사이사이에 반죽이 잘 채워지도록 반죽을 뿌려 가면서 넣어 주세요.

8 가볍게 눌러 가며 반죽을 전체적으로 채워 줍니다. 사이사이에 반죽이 잘 들어갈 수 있도록 뾰족한 모서리 부분까지 잘 밀어 넣습니다.

NOTE 세게 눌러 담으면 양쪽 몰드가 닫히지 않기 때문에 가볍게 눌러 담아 주세요.

  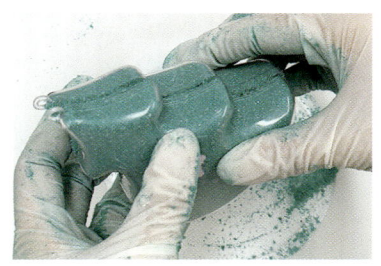

9 반대쪽도 동일하게 만들고, 두 개의 몰드를 합쳐 압축해 줍니다. 이때, 완전히 압축하기 전에 트리 옆면의 뾰족한 부분을 살짝 눌러 몰드를 벗겼다가 가볍게 다시 닫아 주세요. 그래야 반죽이 몰드에 달라붙지 않습니다.

> **NOTE** 전체적으로 반죽이 일정하게 들어가 있어야 배스밤이 단단하게 압축됩니다.
> ※ 배스밤 압축하기 23페이지

10 몰드의 위아래를 잘 맞춰 줍니다. 옆면에 나온 반죽은 손으로 잘 털어 주세요.

 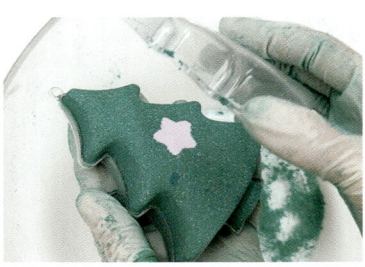

11 스푼으로 가볍게 쳐서 반죽과 몰드가 떨어지게 한 뒤 몰드를 분리해 줍니다. 반죽의 수분도를 체크하여 나머지 하나도 동일하게 만들고, 남은 반죽은 까눌레 틀에 넣어 모양을 냅니다.

※ **건조 시간** : 배스밤은 몰드에 넣은 상태로 약 1시간 건조 후 포장합니다. 완전히 건조되는 데는 약 1일 소요되며 포장 시 탄산가스가 방출될 수 있도록 구멍을 내 주세요. 완성된 입욕제는 상자에 넣어 하나씩 꺼내 사용합니다.

※ **용법 및 용량** : 욕조에 물을 충분히 담고 배스밤을 넣어 주세요. 1인 욕조 기준 1개씩 사용합니다. 부족하다면 추가로 넣어도 좋습니다.

※ **사용 및 보관** : 1년 이내 사용. 직사광선을 피해 서늘한 곳에 보관. 에센셜 오일이 휘발성이 있으니 밀봉하거나 상자에 잘 넣어 보관해 주세요.

13
배스밤 페인팅
bath bomb painting

✦ ✦ ✦

도화지처럼 하얗고 깨끗한 배스밤에 아크릴 물감을 묻힌 듯한 페인팅 디자인입니다. 원하는 컬러로 자유롭게 나만의 배스밤을 만들어 보세요! 호호바 오일과 스위트 아몬드 오일 블렌딩으로 인한 촉촉한 보습은 덤입니다.

난이도	★★☆☆☆
소요 시간	50분 (배스밤 중간 건조 시간 포함)
도구	스텐볼, 유리 비커(25ml 이상) 4개, 시약스푼, 위생 장갑, 투명 원형 몰드 50mm 6개, 붓
레시피	500g (6개 분량)

[가루 재료] 베이킹소다 300g, 구연산 150g, 주석산 40g

[액체 재료] 올리브 리퀴드 1g, 호호바 오일 2g, 스위트 아몬드 오일 4g, 위치하젤 워터 1g, 레몬 에센셜 오일 1g, 라임 에센셜 오일 0.75g, 로즈메리 에센셜 오일 0.25g

[페인팅 재료] 옥수수 전분 6g, 컬러마이카(가루 색소), 무수 에탄올

참고
- 올리브 리퀴드는 라우라미도프로필베타인 외 여타 유화제로 대체 가능
- 호호바 오일 및 스위트 아몬드 오일은 여타 식물성 오일로 대체 가능
- 위치하젤 워터는 여타 플로럴 워터 혹은 추출물로 대체 가능
- 향료는 에센셜 오일 혹은 프래그런스 오일 총합 2g

1 가루 재료와 액체 재료를 혼합해 주세요.

※ 배스밤 혼합하기 21페이지

2 50mm 원형 몰드로 압축하여 6개의 입욕제를 만들어 줍니다.

※ 배스밤 압축하기 23페이지

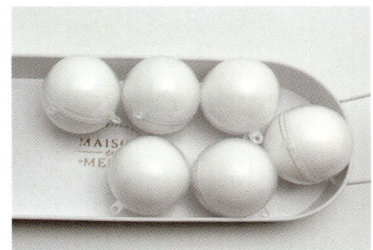

3 완성된 입욕제는 약 30분간 충분히 굳혀 줍니다.

4 건조 후 몰드를 벗겨서 똑바로 놓습니다. 놓인 위치에서 아래가 평평하게 만들어집니다.

5 유리 비커에 컬러마이카(가루 색소)를 적당량 넣어 주세요.

6 무수 에탄올을 넣고 묽어지도록 충분히 섞어 줍니다.

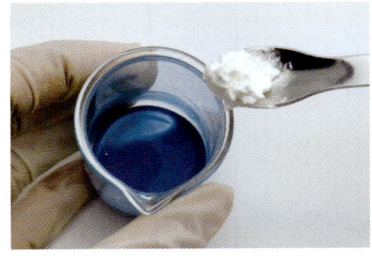

7 옥수수 전분을 시약스푼으로 한 스푼(약 2g) 넣고 골고루 섞어 주면, 약간 점성이 있는 제형이 됩니다.

8 나머지 컬러도 동일한 방법으로 만들어 줍니다.

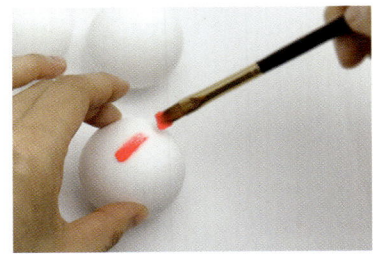

9 붓을 이용하여 배스밤에 칠해 주세요. 자유자재로 내가 원하는 그림을 그려 보세요!

10 완성된 입욕제는 충분히 굳혀 줍니다.

※ **건조 시간** : 페인팅 배스밤은 페인팅 부분이 충분히 마를 수 있도록 약 30분 건조 후 포장합니다. 완전히 건조되는 데는 약 1일 소요되며 포장 시 탄산가스가 방출될 수 있도록 구멍을 내 주세요. 완성된 입욕제는 상자에 넣어 하나씩 꺼내 사용합니다.
    NOTE 실내 습도가 40% 이상인 경우, 배스밤이 건조되는 동안 습기가 닿지 않도록 종이 포일 등으로 덮어 주세요.

※ **용법 및 용량** : 욕조에 물을 충분히 담고 배스밤을 넣어 주세요. 1인 욕조 기준 1개씩 사용합니다. 부족하다면 추가로 넣어도 좋습니다.

※ **사용 및 보관** : 1년 이내 사용. 직사광선을 피해 서늘한 곳에 보관. 에센셜 오일이 휘발성이 있으니 밀봉하거나 상자에 잘 넣어 보관해 주세요.

14
해바라기 배스밤
sunflower bath bomb

✦ ✦ ✦

활짝 핀 해바라기 꽃이 인상적인 배스밤입니다.
해바라기씨 오일은 비타민A와 비타민E가 풍부해 피부를
건강하게 가꿔 줍니다. 오일이 가벼워 산뜻하고 깔끔한
사용감을 느낄 수 있습니다.

난이도	★★★★☆
소요 시간	1시간 (배스밤 중간 건조 시간 포함)
도구	스텐볼, 작은 스텐볼, 유리 비커(25ml 이상), 계량스푼, 위생 장갑, 투명 원형 몰드 60mm 3개, 해바라기 플런저 1개, 붓
색소	옐로우, 브라이트그린
레시피	500g (5개 분량)
	[가루 재료] 베이킹소다 300g, 구연산 150g, 주석산 40g
	[액체 재료] 올리브 리퀴드 1g, 해바라기씨 오일 4g, 살구씨 오일 1g, 로즈 워터 0.5g, 스위트오렌지 에센셜 오일 1g, 라벤더 에센셜 오일 0.5g, 시더우드 에센셜 오일 0.25g, 로즈 에센셜 오일 0.25g
	[기타 재료] 소독용 에탄올, 브라운 옥사이드
참고	• 올리브 리퀴드는 라우라미도프로필베타인 외 여타 유화제로 대체 가능
	• 해바라기씨 오일 및 살구씨 오일은 여타 식물성 오일로 대체 가능
	• 로즈 워터는 여타 플로럴 워터 혹은 추출물로 대체 가능
	• 향료는 에센셜 오일 혹은 프래그런스 오일 총합 2g
	• 플런저는 베이킹 도구 중 하나로 반죽을 찍고 눌러서 꺼내는 방식의 쿠키 커터입니다.
	• 옥사이드는 비누 등 화장품에 색을 내기 위해 사용되며, 파우더 형태의 지용성 원료입니다.

1 가루 재료를 볼에 계량해 담고 골고루 섞은 뒤, 작은 스텐볼에 75g을 따로 빼놓습니다.

2 덜어 둔 가루 재료에 옐로우 색소 5방울 넣어 색을 입혀 주세요. 색소가 많이 들어가면 색소에 포함된 글리세린으로 인해 촉촉한 텍스처가 만들어집니다. 수분감이 부족할 경우 위치하젤 워터를 1회 분사해서 수분도를 맞춰 주세요.

※ 배스밤 수분도 맞추기 24페이지

3 플런저에 노란 반죽을 꾹꾹 눌러 가며 압축해 주세요. 꽃잎 부분까지 반죽을 꼼꼼하게 눌러 넣어 주세요.

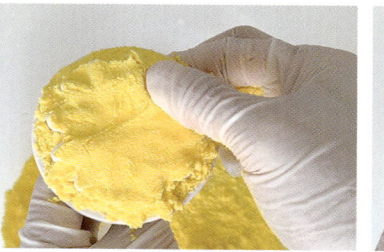

4 손가락으로 문질러 표면을 평평하게 쓸어 주고, 한번 더 꼼꼼하게 압축해 줍니다.

5 플런저를 바닥에 대고 손잡이를 눌러 해바라기의 디테일한 모양을 찍어 줍니다. 손잡이를 누르면서 플런저를 바닥에서 떼면 빠집니다. 총 5개를 동일하게 만들어 주고, 약 30분간 충분히 굳혀 주세요.

6 나머지 가루 재료에 액체 재료를 넣고 골고루 섞어 주세요.

※ 배스밤 혼합하기 21페이지

7 원형 몰드 반쪽에 반죽을 꾹꾹 눌러 담고, 평평하게 쓸어 주세요.
NOTE 취향에 따라 반죽을 조금 덜어 색을 입혀서 투톤으로 만들어도 좋습니다.

8 몰드를 바닥에 엎어 놓고 가볍게 꾹 눌러 준 다음, 양옆을 손가락으로 가볍게 눌러 가며 몰드를 벗겨 주세요. 약 20분 정도 충분히 건조해 주세요.

9 어느 정도 건조되면 뒤집어서 똑바로 놓고 소독용 에탄올을 한 방울씩 뿌려 주세요. 그 부분에 기포가 올라올 때까지 기다립니다.

10 표면에 기포가 뽀글뽀글 올라오면, 칼로 해바라기를 조심스럽게 떠서 가운데에 올리고, 에탄올과 맞닿은 부분을 손으로 가볍게 눌러 붙여 주세요.

11 모두 동일하게 붙여 줍니다.
NOTE 가느다란 꽃잎 부분이 부서지지 않게 주의하세요.

12 씨앗 부분은 브라운 옥사이드를 붓에 묻혀 색칠해도 좋아요. 바디와 꽃 부분 모두 충분히 건조했으므로 바로 포장해도 좋습니다.

※ **건조 시간** : 완전히 건조되는 데는 약 1일 소요되며 포장 시 탄산가스가 방출될 수 있도록 구멍을 내 주세요. 완성된 입욕제는 상자에 넣어 하나씩 꺼내 사용합니다.

※ **용법 및 용량** : 욕조에 물을 충분히 담고 배스밤을 넣어 주세요. 1인 욕조 기준 1개씩 사용합니다. 부족하다면 추가로 넣어도 좋습니다.

※ **사용 및 보관** : 1년 이내 사용. 직사광선을 피해 서늘한 곳에 보관. 에센셜 오일이 휘발성이 있으니 밀봉하거나 상자에 잘 넣어 보관해 주세요.

15
드리즐 배스밤
drizzle bath bomb

✦ ✦ ✦

알록달록한 시럽을 뿌린 것 같은 드리즐 배스밤입니다.
코코아버터를 녹여서 흐르다 굳는 점도로 만들어 낼 거예요.
욕실에 은은하게 풍기는 달콤한 바닐라향은 스트레스와 불안감을
줄여 주어 마음을 편안하게 만들어 줍니다.

난이도	★★★☆☆
소요 시간	50분 (배스밤 중간 건조 시간 포함)
도구	스텐볼, 유리 비커(25ml 이상) 4개, 시약스푼 또는 미니 블렌더, 위생 장갑, 까눌레 틀, 머핀 트레이, 투명 원형 몰드 60mm 2개, 투명 하트 몰드 60mm 1개
레시피	500g (까눌레 1개, 머핀 1개, 60mm 하트 1개, 60mm 원형 2개 분량) [가루 재료] 베이킹소다 300g, 구연산 150g, 주석산 40g [액체 재료] 올리브 리퀴드 1g, 코코넛 오일 6g, 바닐라 추출물 1g, 바닐라 프래그런스 오일 2g [드리즐 재료] 코코아버터 8g, 폴리소르베이트80 1g, 컬러마이카
참고	• 올리브 리퀴드는 라우라미도프로필베타인 외 여타 유화제로 대체 가능 • 코코넛 오일은 여타 식물성 오일로 대체 가능 • 바닐라 추출물은 여타 플로럴 워터 혹은 추출물로 대체 가능 • 향료는 에센셜 오일 혹은 프래그런스 오일 총합 2g • 폴리소르베이트80은 코코아버터가 물과 잘 섞이도록 만들어 주는 성분이며, 올리브 리퀴드로 대체 가능

 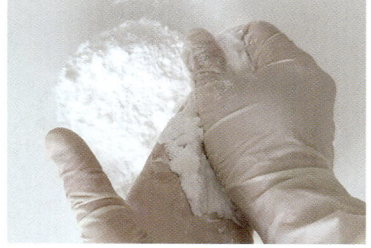 

1 가루 재료를 볼에 계량해 담습니다.

2 가루 재료와 액체 재료를 골고루 혼합해 주세요.
　※ 배스밤 혼합하기 21페이지

3 지금까지 사용했던 몰드를 모두 이용하여, 자유롭게 모양을 만들어 주세요.
　※ 배스밤 압축하기 23페이지

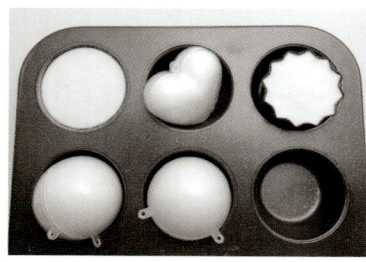  

4 30분간 충분히 굳혀 주세요.

5 유리 비커에 녹인 코코아버터와 폴리소르베이트80을 담고 잘 저어 줍니다. 색을 내고 싶은 수대로, 다른 유리 비커에 위 용액을 나눠 담아 주세요.

6 비커 하나에 먼저 컬러마이카를 넣고 미니 블렌더로 골고루 섞어 줍니다. 블렌더가 없는 경우 시약스푼으로 최대한 골고루 혼합해 주세요.

7 연유같이 천천히 흐르는 텍스처가 될 때까지 코코아버터를 잠시 식힙니다.

8 배스밤 위에 지그재그로 뿌려 주세요.

9 나머지 컬러도 동일한 방법으로 색감을 자유롭게 표현해 보세요.

10 완성된 배스밤은 코코아버터 드리즐이 충분히 굳을 수 있도록 약 1시간 건조 후 포장해 줍니다. 냉동실에 5~10분간 넣었다 꺼내면 빠르게 굳힐 수 있습니다.

※ **건조 시간** : 완전히 건조되는 데는 약 1일 소요되며 포장 시 탄산가스가 방출될 수 있도록 구멍을 내 주세요. 완성된 입욕제는 상자에 넣어 하나씩 꺼내 사용합니다.
　NOTE 실내 습도가 40% 이상인 경우, 배스밤이 건조되는 동안 습기가 닿지 않도록 종이 포일 등으로 덮어 주세요.

※ **용법 및 용량** : 욕조에 물을 충분히 담고 배스밤을 넣어 주세요. 1인 욕조 기준 1개씩 사용합니다. 부족하다면 추가로 넣어도 좋습니다.

※ **사용 및 보관** : 1년 이내 사용, 직사광선을 피해 서늘한 곳에 보관. 에센셜 오일이 휘발성이 있으니 밀봉하거나 상자에 잘 넣어 보관해 주세요.

16
오로라 배스밤
aurora bath bomb

✦ ✦ ✦

영롱한 오로라처럼 잔잔한 물 위에서 화려한 색감을
뿜어내는 배스밤입니다. 좋아하는 컬러를 자유롭게 조합해 보세요!
물에서 녹는 오로라 배스밤을 가만히 보고 있자면
마음도 같이 녹아들어요.

난이도	★★☆☆☆
소요 시간	30분 (중간 건조 시간 포함하지 않음)
도구	스텐볼, 작은 스텐볼 2개, 유리 비커(25ml 이상), 위생 장갑, 투명 하트 몰드 100mm 3개, 큐브 몰드
색소	핑크, 퍼플
레시피	500g (큰 하트 3개 분량) [가루 재료] 베이킹소다 300g, 구연산 150g, 주석산 40g [액체 재료] 올리브 리퀴드 1g, 마카다미아 넛 오일 6g, 블루베리 추출물 1g, 로즈 프래그런스 오일 1g, 라벤더 에센셜 오일 1g [임베딩 재료] 베이킹소다 40g, 구연산 40g, 코코넛 오일 0.5g (총 8개 분량)
참고	• 올리브 리퀴드는 라우라미도프로필베타인 외 여타 유화제로 대체 가능 • 마카다미아 넛 오일은 여타 식물성 오일로 대체 가능 • 블루베리 추출물은 여타 플로럴 워터 혹은 추출물로 대체 가능 • 향료는 에센셜 오일 혹은 프래그런스 오일 총합 2g

▶ 임베딩 만들기

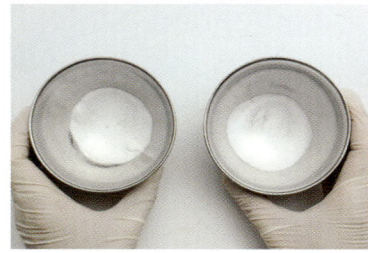

1 작은 스텐볼 2개에 베이킹소다를 20g씩 담아 주세요.

2 두 가지 컬러로 입히고, 10분간 건조해 주세요.

3 건조 후 각 컬러 가루에 구연산 20g, 코코넛 오일 5방울을 넣어 줍니다.

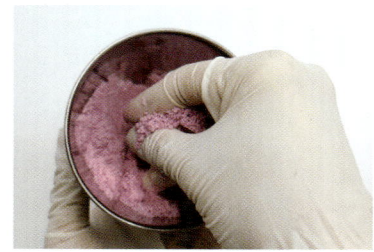

4 뭉개듯이 섞어 주면 뭉치는 텍스처가 만들어집니다.

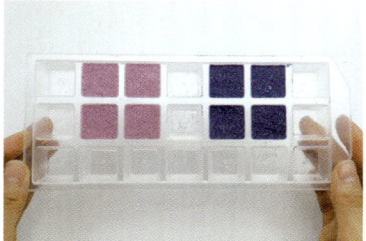

5 두 컬러 모두 큐브 몰드에 넣어 압축 후 20분간 충분히 건조해 주세요.

6 큐브 몰드를 엎어서 임베딩 배스밤을 꺼내 주세요.

▶ 하트 배스밤 만들기

7 액체 재료에 핑크 색소 1방울, 퍼플 색소 1방울 넣고 골고루 섞어 주세요.

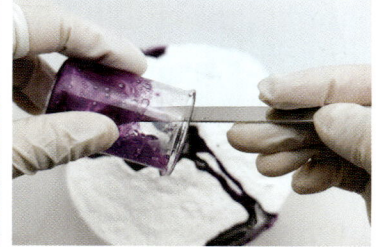

8 가루 재료에 액체 재료를 부어서 골고루 섞어 주세요.

※ 배스밤 혼합하기 21페이지

9 하트 몰드에 가루를 가볍게 깔아 줍니다.

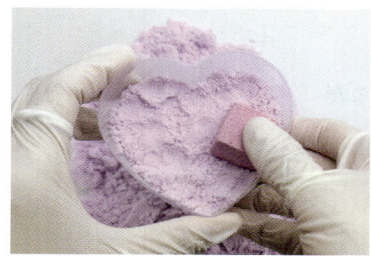

10 임베딩도 함께 넣어 주세요.

11 임베딩은 바깥쪽으로 붙여 틈이 없게 고정해 주세요.

12 빈 공간에 반죽을 가볍게 누르며 골고루 채워 줍니다.

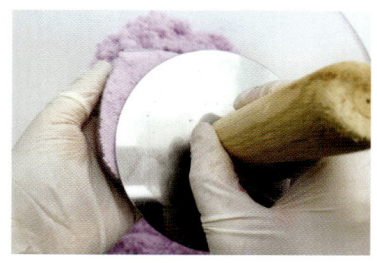

13 평평한 판으로 표면을 눌러 줍니다.

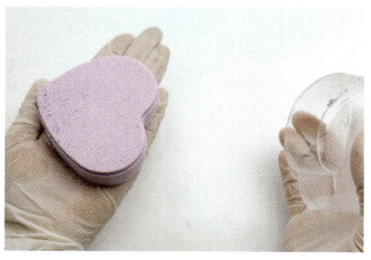

14 배스밤은 10분 정도 건조 후 손바닥에 엎어 놓고 톡 쳐서 몰드에서 꺼내고, 10분 더 건조 후 포장합니다.

※ **건조 시간** : 완전히 건조되는 데는 약 1일 소요되며 포장 시 탄산가스가 방출될 수 있도록 구멍을 내 주세요. 완성된 입욕제는 상자에 넣어 하나씩 꺼내 사용합니다.
　　NOTE 실내 습도가 40% 이상인 경우, 배스밤이 건조되는 동안 습기가 닿지 않도록 종이 포일 등으로 덮어 주세요.

※ **용법 및 용량** : 욕조에 물을 충분히 담고 배스밤을 넣어 주세요. 1인 욕조 기준 1개씩 사용합니다. 부족하다면 추가로 넣어도 좋습니다.

※ **사용 및 보관** : 1년 이내 사용. 직사광선을 피해 서늘한 곳에 보관. 에센셜 오일이 휘발성이 있으니 밀봉하거나 상자에 잘 넣어 보관해 주세요.

버블바 BUBBLE BAR

조물조물 반죽해서 자유자재로 빚어내는
버블바 만들기는 즐거운 체험을 제공합니다.
집에서 쉽게 할 수 있는 디자인 기법을 알려 드릴게요.
또한, 부풀어 오르고 갈라지는 반죽으로 섬세한 디자인을 만들어 내는
방법도 배워 봅니다. 버블바는 손으로 많이 만져 보고 다루어 볼수록
실력을 더욱 높일 수 있습니다.

버블바란?

버블바는 거품이 풍성하게 만들어지는 입욕제로, 수압으로 녹여서 사용합니다. 수압이 세면 셀수록 풍성한 거품이 만들어집니다. 버블바에 거품을 만들어 내기 위해 사용되는 계면활성제는 아기도 사용할 수 있는 안전한 원료를 선택합니다. 오래오래 꺼지지 않는 풍성한 거품과 함께 포근한 목욕을 즐겨 보세요!

버블바의 장점

거품은 따뜻한 물 온도를 오래 유지시켜 줍니다. 또한 세정 효과가 있어 샤워 대용으로 사용할 수 있고 남녀노소 모두가 사랑하는 거품 목욕을 제공합니다.

약산성 입욕제

입욕제는 금방 씻어 내는 세정 제품과 달리 오랜 시간 피부에 적용되는 특징이 있어, 구연산 등으로 베이킹 소다의 알칼리성을 중화시켜 약산성~중성 사이의 pH를 띄도록 만들어집니다.

버블바 거품 원리

버블바에는 가루와 액체 두 가지 형태의 거품제^{계면활성제}가 첨가됩니다. 가루 거품제의 일종인 SLSA^{소듐라우릴설포아세테이트}는 하얗고 풍성한 거품을 만들어 주는 특징이 있습니다. 액체 거품제의 일종인 라우라미도프로필베타인은 거품을 더욱 쫀쫀하게 만들어, 버블바의 거품이 풍성하고 오래 유지되도록 합니다.

기본 재료 및 도구

기본 재료 : 가루 재료

원료명	영문명	설명	역할
베이킹소다	sodium bicarbonate	100% 탄산수소나트륨, 알칼리성	고체화
혼합산	–	구연산, 주석영, 사과산 등 혼합 (로하스랩 가공)	고체화, pH 조절
옥수수 전분	corn starch	옥수수의 씨앗 부분에서 추출한 녹말	점도 조절
SLSA	sodium lauryl sulfoacetate	코코넛 유래 음이온 계면활성제	거품제

기본 재료 : 액체 재료

원료명	영문명	설명	역할
라우라미도프로필베타인	lauramidopropyl betain	코코넛 오일 추출 양쪽성 천연 계면활성제	거품제
식물성 오일	carrier oil/ base oil	견과류, 씨앗, 열매 등에서 추출한 오일	보습, 유연 효과
에센셜 오일	essential oil	꽃, 허브, 뿌리 등에서 추출한 향료, 아로마 오일	향료
프래그런스 오일	fragrance oil	인공적으로 합성한 향료	향료

에센셜 오일 사용상 유의사항

- 어린이 혹은 임신 중이거나 수유 중인 경우에는 피부에 바르기 전 의사와 상의하세요.
- 휘발성이 강하므로 입욕제는 밀봉하여 보관해 주세요.
- 에센셜 오일 원액을 피부에 바로 바르지 마세요.
- 과량 첨가 시 알러지나 자극의 원인이 될 수 있으니 주의하세요.

도구

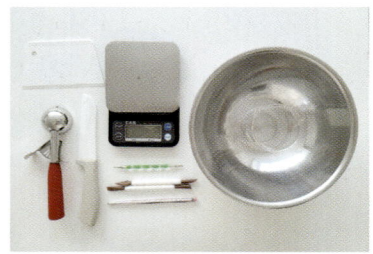

스텐볼 - 반죽 시 사용하는 볼은 넓고 낮은 것이 편리합니다.

유리 비커 - 버블바는 액체 재료 양이 보통 80g 내외이므로 200ml 사이즈의 유리 비커가 적당합니다.

밀대 / 칼 / 조각칼 / 도트펜 / 붓 / 실리콘 주걱 / 스크래퍼 / 아이스크림 스쿱
버블바는 손으로 빚어서 모양을 내는 방식으로, 디자인할 수 있는 도구가 필요합니다. 아이스크림 스쿱은 지름 5cm 사이즈가 적당합니다.

종이 포일 - 버블바에 먼지 등 이물질이 달라붙지 않도록 테이블에 깔아 줍니다. 실리콘 매트를 사용해도 좋습니다.

버블바가 부풀어 오르고 갈라지는 이유
(제조 시 유의사항)

버블바는 베이킹소다와 산 원료가 물을 만나 이산화탄소가스를 만들어 내는 반응에 의해 부풀어 오르는 반죽으로 만들어집니다. 이러한 특성으로 인해 많은 사람들은 버블바로 디자인하는 것에 어려움을 겪고 있습니다. 보다 구체적인 반죽의 성질에 대해 정확히 습득한다면, 누구나 쉽게 버블바 반죽을 다룰 수 있습니다.

⑴ 부풀어 오르는 반죽

버블바는 반죽이 부풀어 오르는 것을 어느 정도 가라앉힌 후 모양을 냅니다. 부풀어 오르는 것은 베이킹소다+산의 혼합에 물이 첨가되어 발생하는 반응으로, 시간이 지나면 자연스럽게 반응도 줄어듭니다. 반죽은 약간 부풀어 오른 상태에서 모양을 냅니다. 다만, 반죽이 힘 있게 말랑하지 않고 흐물거리는 상태라면 2~3분 정도 반죽에 수분이 빠지게 기다려 주세요.

⑫ 쉽게 마르는 반죽

버블바 반죽은 겉면이 쉽게 마릅니다. 그러나 반죽의 안쪽까지 마르는 데는 생각보다 오랜 시간이 걸리니, 반죽의 겉면이 말랐다면 안팎이 잘 섞이게 주물러 주세요. 그러면 반죽이 금방 촉촉해지는 걸 볼 수 있습니다. 단, 반죽이 너무 딱딱해지면 모양을 내기 어려우니 밀폐 용기에 반죽을 넣어 놓고 그때그때 꺼내어 작업해 주면 좋습니다. 모양을 내기 전 반죽을 주물러서 촉촉하게 만들어 주세요.

⑬ 늘어나지 않는 성질

버블바 반죽은 밀가루 반죽이나 클레이 반죽과는 달리 유연성이 낮습니다. 반죽을 늘리려고 하면 표면이 갈라지는 걸 볼 수 있어요. 반죽을 납작하게 만들 땐 가장자리보다는 가운데 부분을 눌러가며 늘려야 크랙 없이 모양을 낼 수 있습니다.

버블바 만드는 방법
(기본 250g)

⑪ 재료 계량

 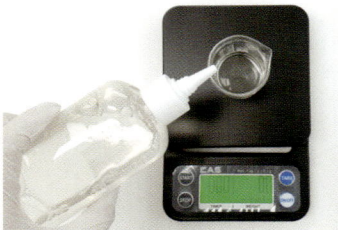

1 가루 재료인 베이킹소다 125g, 혼합산 50g, 옥수수 전분 15g, SLSA 25g을 계량해 볼에 조심스럽게 담아 주세요.
   NOTE 원료 중 SLSA는 가루 날림이 있으니 조심스럽게 계량하고 작업 시 마스크를 착용해 주세요.

2 액체 재료인 라우라미도프로필베타인 25g, 마카다미아 넛 오일 10g, 그레이프프루트 프래그런스 오일 1g, 라벤더 에센셜 오일 1.5g(향료 총 2.5g)을 계량해 유리 비커(200ml 이상)에 담아 주세요.

⑫ 버블바 반죽하기

1 액체 재료를 흔들어 섞은 뒤 가루 재료에 부어 주세요. 주걱으로 남김 없이 걷어 주세요.

2 가루에 액체가 잘 흡수될 수 있도록 주걱으로 천천히 섞어 주세요.
NOTE 원료 중 SLSA는 가루 날림이 있으니 조심스럽게 섞어 주세요.

3 가루와 액체가 어느 정도 잘 섞이면, 손으로 쥐어 짜듯이 반죽해 줍니다. 재료가 서로 잘 섞이게 하고 반죽의 수분기를 건조하기 위한 과정입니다.

4 재료들이 잘 섞이면서 생크림 같은 제형이 됩니다. 여기서 조금 더 주물러 리코타치즈 같은 제형이 되면 완성입니다.

5 완성된 반죽은 뭉쳐서 밀폐 용기에 넣고 그때그때 꺼내서 사용하면 빨리 마르는 것을 방지할 수 있습니다.

03 버블바 조색하기

1 반죽을 원하는 만큼 빼서 색소를 적정량 첨가해 주세요.

   NOTE 버블바는 색소를 한 방울만 넣어도 색이 진하게 나옵니다. 원하는 색이 나올 때까지 추가로 색소를 넣을 수 있으니, 색소를 처음 사용하는 경우엔 소량씩 넣고 섞어 가며 색을 맞춰 주세요.

2 반죽을 한쪽으로 잘 모아 놓고, 화살표 방향으로 반죽을 뭉개면서 색을 입혀 줍니다. 손목에 무리가 가지 않도록 힘을 빼고 아래로 내리는 팔 힘을 이용합니다.

3 색소가 잘 섞이도록 반죽해 줍니다. 볼에 묻은 반죽은 반죽으로 뭉개서 깨끗하게 닦아 주세요.

04 버블바 촉촉하게 만들기

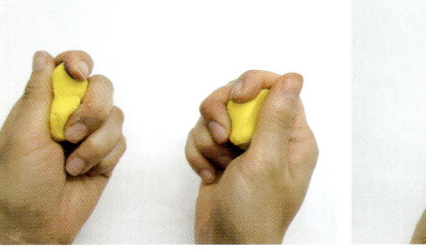

1 반죽의 겉면이 마른 경우, 반죽을 두 개로 쪼개서 양손으로 주물러 주면 다시 촉촉하게 만들 수 있습니다.

2 이제 자유롭게 원하는 모양으로 만들어 보세요!

01
쿠키 커터로 만드는 버블바
cookie bubble bar

✦ ✦ ✦

버블바 반죽을 쿠키 커터로 콕콕 찍어
쉽고 재미있는 버블바 놀이를 할 수 있습니다.
자유자재로 반죽의 모양을 내고, 완성된 버블바로 즐기는 거품 목욕은
아이들에게 기억에 남는 체험이 될 거예요.

난이도	★★☆☆☆
소요 시간	1시간 (아이들 체험 기준)
도구	스텐볼, 유리 비커(100ml 이상), 실리콘 주걱, 위생 장갑, 종이 포일, 칼, 쿠키 커터
색소	브라이트블루, 옐로우, 핑크, 브라이트그린
레시피	250g (6~7개 분량) [가루 재료] 베이킹소다 125g, 혼합산 50g, 옥수수 전분 15g, SLSA 25g [액체 재료] 라우라미도프로필베타인 25g, 마카다미아 넛 오일 10g, 그레이프프루트 프래그런스 오일 1g, 스위트오렌지 에센셜 오일 1.5g
참고	• **반죽을 촉촉하게 만들어 찍어 내는 게 point!** 버블바 반죽은 겉면이 쉽게 마르는 성질이 있어요. 반죽의 안팎이 잘 섞이게 주물러 촉촉한 상태로 만들고 모양을 내야 매끈한 표면이 나옵니다. 반죽을 밀폐 용기에 넣어 놓고 하나씩 꺼내어 작업하면 수월해요. • 마카다미아 넛 오일은 여타 식물성 오일로 대체 가능 • 향료는 에센셜 오일 혹은 프래그런스 오일 총합 2.5g

1 가루 재료와 액체 재료를 골고루 섞어 주세요. 가루 날림이 있으니 아이들 체험의 경우 가루에 액체가 어느 정도 혼합된 후에 주면 됩니다.

2 손으로 반죽해 주세요.
※ 버블바 반죽하기 100페이지

 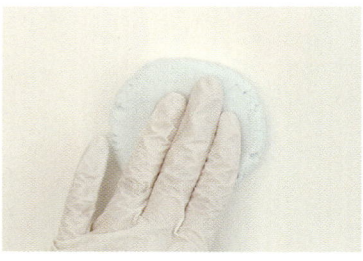

3 반죽을 각각 원하는 컬러로 입혀 주세요. 색을 입힌 반죽은 뭉쳐서 밀폐 용기에 담아 놓으면 빠르게 마르는 것을 방지할 수 있습니다.

4 종이 포일을 깔고 촉촉한 반죽을 납작하게 눌러서 쿠키 커터로 찍어 줍니다.

 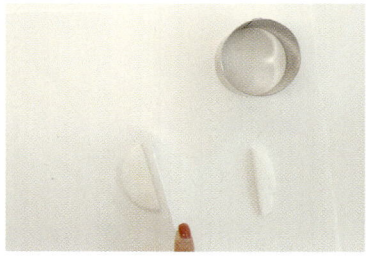 

5 종이 포일에 붙은 반죽은 칼이나 스크래퍼로 분리해 주세요.

6 흰색 반죽도 쿠키 커터로 동그랗게 찍어 내고 칼로 절반을 잘라 주세요.

7 흰색 반죽을 하늘색 동그라미 반죽 위에 올리고 꽃 모양이 올라갈 부분을 쿠키 커터로 잘라 냅니다.

8 다른 색깔의 반죽으로 꽃 모양을 만들어 그 위에 올리고 손바닥으로 지그시 눌러 붙여 주세요.

9 나머지 반죽도 다양한 쿠키 커터를 이용해 자유롭게 만들어 보세요.

※ **건조 시간** : 버블바는 어느 정도 단단해지면 바로 포장합니다. 완전히 건조되는 데는 약 1일 소요되며 포장 시 탄산가스가 방출될 수 있도록 구멍을 내 주세요. 완성된 입욕제는 상자에 넣어 하나씩 꺼내 사용합니다.

※ **용법 및 용량** : 수압으로 녹여 사용합니다. 수압이 셀수록 풍성한 거품이 만들어져요. 1인 욕조 기준 1개씩 사용합니다. 부족하다면 추가로 넣어도 좋습니다.

※ **사용 및 보관** : 1년 이내 사용. 직사광선을 피해 서늘한 곳에 보관. 에센셜 오일이 휘발성이 있으니 밀봉하거나 상자에 잘 넣어 보관해 주세요.

02
치즈 케이크 버블바
cheese cake bubble bar

✦ ✦ ✦

노릇노릇 귀여운 치즈 케이크 버블바는 원하는 사이즈로 잘라서
한 조각씩 사용합니다. 만화 '톰과 제리'에서 제리가 먹던 에멘탈 치즈 모양을
그대로 본뜬 디자인입니다. 버블바의 케이크 디자인, 어려울 것 같아 망설였다면
치즈 케이크 모양으로 도전해 보세요. 누구나 어렵지 않게 만들 수 있습니다.

난이도	★★★☆☆
소요 시간	30~50분 (숙련도에 따라 상이)
도구	볼, 유리 비커(200ml 이상), 실리콘 주걱, 위생 장갑, 종이 포일, 칼, 조각칼, 스크래퍼, 밀대, 무스틀(지름 12cm)
색소	옐로우, 네온핑크
레시피	500g (5~6조각 분량) [가루 재료] 베이킹소다 250g, 혼합산 100g, 옥수수 전분 30g, SLSA 50g [액체 재료] 라우라미도프로필베타인 30g, 호호바 오일 5g, 　　　　　　스위트 아몬드 오일 15g, 글리세린 5g, 　　　　　　슈가레몬 프래그런스 오일 4g, 그레이프프루트 프래그런스 오일 1g
참고	• **매끄러운 표면이 point!** 　손으로 부드럽게 표면을 다듬어 주세요. 특히 치즈 케이크 윗면을 붙일 때는 반죽이 촉촉한 상태에서 작업을 끝내야 크랙 없이 깨끗하게 표현할 수 있습니다. • 호호바 오일 및 스위트 아몬드 오일은 여타 식물성 오일로 대체 가능 • 향료는 에센셜 오일 혹은 프래그런스 오일 총합 5g • **컬러별 반죽 용량** 　총 480g = 연주황색 시트 320g + 주황색 시트 160g (윗면 80g & 옆면 80g)

1 가루 재료와 액체 재료를 혼합하여 반죽해 주고, 반죽 160g만 떼어서 밀폐 용기에 담아 주세요.

※ 버블바 반죽하기 100페이지

2 나머지 반죽 320g은 옐로우 색소 1방울, 네온핑크 색소 1방울 넣어 연주황색으로 만들어 주세요.

※ 버블바 조색하기 101페이지

3 반죽을 양손으로 감싸 동그랗게 뭉쳐 주세요.

4 무스틀에 넣고 납작하게 눌러 주세요. 호떡 누르개를 사용해도 좋고, 없는 경우 손으로 눌러 주세요. 약간의 울퉁불퉁한 부분은 꺼내어 다듬어 줄 수 있어요.

NOTE 두께가 일정해지도록 골고루 눌러 주어야 합니다.

5 틀을 뒤집어서 톡톡 치면 반죽이 빠집니다. 칼을 오른손에 쥐어 직각으로 세우고 반대쪽 손으로 반죽을 받쳐 주세요. 반죽을 돌려 가면서 칼로 옆면을 평평하게 다듬어 줍니다.

NOTE 반죽이 바닥에 들러 붙으면 스크래퍼로 분리해서 떼어 냅니다.

6 윗부분도 칼로 조심스럽게 톡톡 쳐서 평평하게 다듬어 주세요.

7 밀폐 용기에 따로 넣어놓은 반죽 160g을 꺼내어 옐로우 색소 2방울, 네온핑크 색소 1방울 넣고 주황색으로 만들어 주세요. 반죽이 부서지고 딱딱해 보여도 뭉개며 색소를 입히다 보면 금방 말랑해집니다.

8 160g 중 80g만 떼어 반죽에 최대한 크랙이 없게 손가락으로 동그랗게 뭉쳐 주세요.

9 반죽의 가장자리가 벌어지지 않게 한쪽 손으로 옆면을 받치면서 넓고 납작하게 만들어 주세요. 직전에 만들어 놓은 연주황색 시트와 같은 넓이로 만들어 주세요.

10 스크래퍼로 반죽을 분리한 후 주황색 시트를 케이크 위에 올리고 손바닥으로 가볍게 눌러 붙입니다.

11 반죽을 뒤집어서 칼로 옆면을 정리해 주세요.

12 남은 반죽 80g을 주물러서 촉촉하게 만들어 줍니다. 길게 만들어서 시트 옆면을 감싸 줄 거예요.

13 반죽을 반으로 나눠 하나를 긴 직사각형 모양으로 만들어 줍니다.

14 직사각형의 반죽을 밀대로 길게 밀어 줍니다.

15 칼로 반죽의 각 면을 각지게 자르고, 종이에 달라 붙은 반죽을 칼로 긁어 분리해 주세요.

16 시트 옆면에 테이프를 붙이듯이 반죽이 뜨지 않게 꼼꼼하게 붙여 줍니다.

17 나머지 반쪽도 동일하게 만들어 붙여 주세요.

18 경계선은 조각칼로 긁어 매끈하게 다듬어 줍니다.

19 칼을 눕혀 표면을 매끄럽게 다듬어 주세요. 전체적으로 다듬어 줍니다.

20 조각칼이나 붓 뒷부분으로 표면을 동그랗게 눌러서 치즈의 움푹 들어간 모양을 냅니다.
   NOTE 붓 뒷부분으로 꾹 누른 상태에서 돌려 주면 가장자리를 매끈하게 만들 수 있어요.

21 완성된 치즈 케이크는 단단하게 마르기 전에 원하는 크기로 잘라 놓습니다. 건조 후엔 딱딱하게 굳어 커팅하기가 어렵습니다.
   NOTE 4~6조각으로 자르는 게 적당해요.

※ **건조 시간** : 버블바는 어느 정도 단단해지면 바로 포장합니다. 완전히 건조되는 데는 약 1일 소요되며 포장 시 탄산가스가 방출될 수 있도록 구멍을 내 주세요. 완성된 입욕제는 상자에 넣어 하나씩 꺼내 사용합니다.

※ **용법 및 용량** : 수압으로 녹여 사용합니다. 수압이 셀수록 풍성한 거품이 만들어져요. 1인 욕조 기준 1조각씩 사용합니다. 부족하다면 추가로 넣어도 좋습니다.

※ **사용 및 보관** : 1년 이내 사용. 직사광선을 피해 서늘한 곳에 보관. 에센셜 오일이 휘발성이 있으니 밀봉하거나 상자에 잘 넣어 보관해 주세요.

03
쓰고 또 쓰는 리유저블 버블바
reusable bubble bar

✦ ✦ ✦

버블바를 물에 절반 정도만 녹이고도 충분한 거품이 만들어졌을 때,
남은 버블바를 다시 사용할 수 있는 방법을 알려 드릴게요!
버블바는 수압으로 녹여 사용하는 입욕제로, 녹이다 보면 버블바가 부서져
한번에 모두 사용할 수밖에 없습니다. 하지만 향주머니에 버블바를 담고
수전(수도꼭지)에 걸어서 녹이면 남은 버블바를 위생적으로
여러 번 재사용할 수 있습니다. 아이스바 모양의 디자인은 예쁜 리본을 묶어
선물용으로 만들어도 좋습니다. 1개로 2~3회 사용할 수 있어요.

난이도	★★★☆☆
소요 시간	50분 (숙련도에 따라 상이)
도구	스텐볼, 유리 비커(200ml 이상), 위생 장갑, 종이 포일, 칼, 향주머니, 롤리팝 스틱(선택)
색소	네온핑크, 핑크, 옐로우
레시피	500g (4개 분량) **[가루 재료]** 베이킹소다 250g, 혼합산 100g, 옥수수 전분 30g, SLSA 50g **[액체 재료]** 라우라미도프로필베타인 50g, 마카다미아 넛 오일 20g, 그레이프프루트 프래그런스 오일 3g, 스위트오렌지 에센셜 오일 2g
참고	• 반죽 내부에 기포를 빼 주는 것이 point! 반죽에 기포가 찬 상태로 만들면, 버블바를 커팅했을 때 표면에 크랙이 생겨요. 모양을 내고 나면 탄산가스에 의해 반죽이 부풀어 오르도록 잠시 놔두었다가, 부풀어 오르는 게 어느 정도 끝나면 바닥에 톡톡 쳐서 기포를 제거해 줍니다. • 마카다미아 넛 오일은 여타 식물성 오일로 대체 가능 • 향료는 에센셜 오일 혹은 프래그런스 오일 총합 5g • 컬러별 반죽 용량 총 480g = 흰색 90g + 레드 90g + 핑크 300g

1 가루 재료와 액체 재료를 혼합하여 반죽합니다.
※ 버블바 반죽하기 100페이지

2 반죽에 용량별로 색을 입히고 밀폐 용기에 담아 둡니다.
※ 버블바 조색하기 101페이지

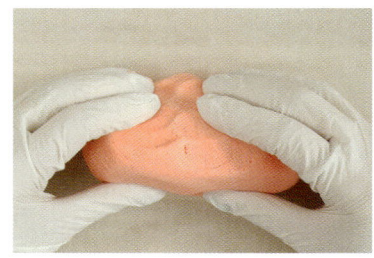 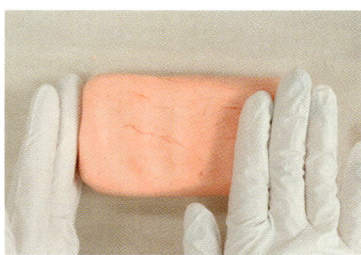 

3 핑크 반죽을 12cm의 긴 모양으로 만듭니다.
NOTE 반죽에 늘어나는 성질이 없기 때문에 굴리지 않고 눌러 가면서 길게 모양을 내 주세요.

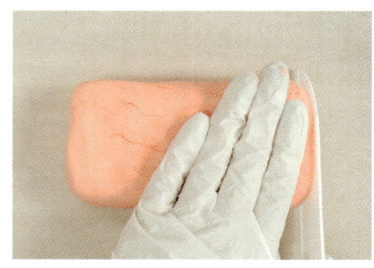 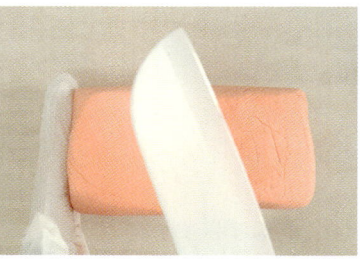 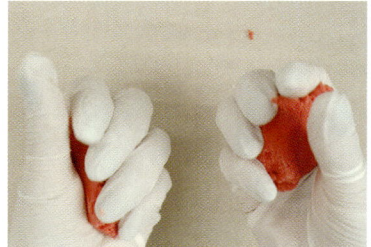

4 칼을 이용해 모양을 잡아 줍니다.

5 레드 반죽을 밀폐 용기에서 꺼내어, 촉촉하게 만들어 주세요.
※ 버블바 촉촉하게 만들기 101페이지

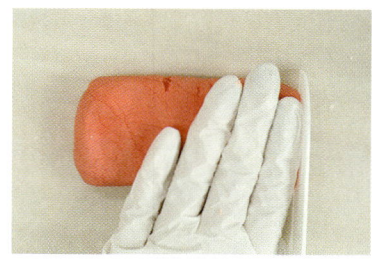

6 길이 약 12cm의 길고 납작한 네모를 만들어 주세요.

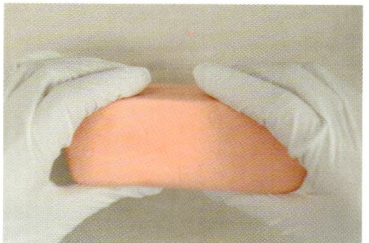

7 약간 마르고 부풀어 오른 핑크 반죽을 바닥에 툭툭 쳐서 기포를 빼 줍니다. 기포를 빼지 않으면 내부에 구멍이 생겨 커팅할 때 표면에 크랙이 생겨요.

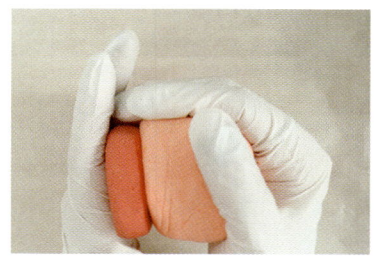

8 레드 반죽 위에 핑크 반죽을 올리고 가볍게 눌러 붙여 줍니다.

9 흰색 반죽을 꺼내어 촉촉하게 만들어 줍니다.

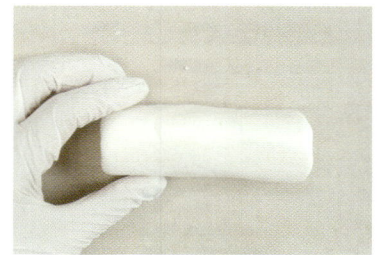
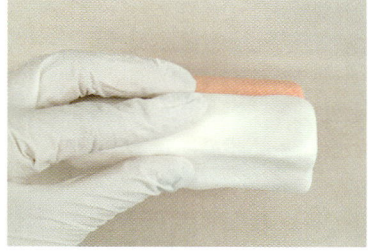

10 흰색 반죽을 핑크&레드 반죽 길이에 맞게 길게 만들어 주세요.

11 흰색 반죽을 핑크&레드 반죽 위에 올려 붙입니다. 엄지손가락으로 반죽의 한쪽을 눌러 윗면을 뾰족한 크림 모양으로 만들어 주세요.

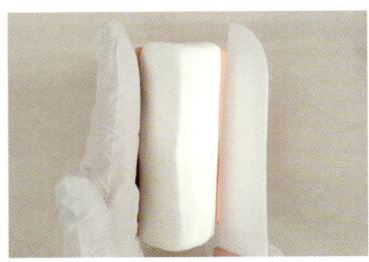

12 전체적으로 잘 다듬어 줍니다.

13 흰색 반죽이 충분히 붙을 수 있도록 약 10분간 건조해 주세요.

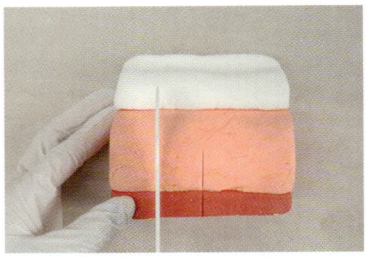

14 레몬 슬라이스를 하듯이 4등분으로 커팅합니다.

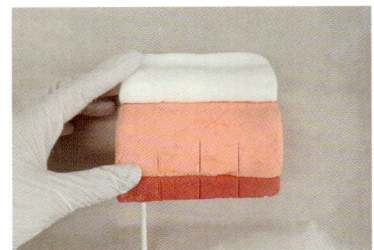

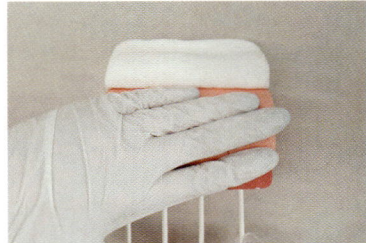

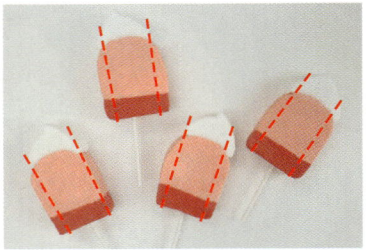

15 취향에 따라 롤리팝 스틱이나 아이스크림 막대를 끼워 주세요. 옆면을 각지게 잘라 주어도 좋습니다.

16 옆면을 다듬으면서 나온 남은 반죽으로는 딸기 등 데코를 만들어 꾸며 줄 수 있어요.

17 데코를 버블바에 붙일 때는 남은 반죽을 촉촉하게 만들어 접착제처럼 사용하면 됩니다.

18 버블바는 향주머니에 넣어 수압으로 녹여 사용하세요.
주머니 안에 남은 버블바는 재사용이 가능합니다.

> ※ **건조 시간** : 버블바는 어느 정도 단단해지면 바로 포장합니다. 완전히 건조되는 데는 약 1일 소요되며 포장 시 탄산 가스가 방출될 수 있도록 구멍을 내 주세요. 완성된 입욕제는 상자에 넣어 하나씩 꺼내 사용합니다.
>
> ※ **용법 및 용량** : 수압으로 녹여 사용합니다. 수압이 셀수록 풍성한 거품이 만들어져요. 1인 욕조 기준 1개씩 사용합니다. 부족하다면 추가로 넣어도 좋습니다.
>
> ※ **사용 및 보관** : 1년 이내 사용. 직사광선을 피해 서늘한 곳에 보관. 에센셜 오일이 휘발성이 있으니 밀봉하거나 상자에 잘 넣어 보관해 주세요.

04
무지개 버블바
rainbow bubble bar

✦ ✦ ✦

버블바 반죽은 클레이 반죽과 달리 촉촉한 상태에서는 힘이 없어서
서로 다른 컬러의 반죽을 얹어 누르면 경계가 무너지는
어려움이 있습니다. 각각의 무지개 라인을
선명하고 매끄럽게 만들 수 있는 방법을 알려 드릴게요.

난이도	★★☆☆☆
소요 시간	40분 (숙련도에 따라 상이)
도구	스텐볼, 유리 비커(100ml 이상), 위생 장갑, 종이 포일, 칼, 밀대
색소	네온핑크, 핑크, 옐로우, 브라이트블루, 틸그린
레시피	250g (4개 분량) [가루 재료] 베이킹소다 125g, 혼합산 50g, 옥수수 전분 15g, SLSA 25g [액체 재료] 라우라미도프로필베타인 20g, 카렌듈라 인퓨즈드 오일 5g, 마카다미아 넛 오일 5g, 바닐라 프래그런스 오일 2.5g
참고	• 핑크색 반죽을 충분히 굳히는 게 point! 핑크색 반죽을 가래떡 모양으로 길고 동그랗게 만들고 난 후에 단단해지도록 충분히 건조시킵니다. 그래야 한 겹씩 반죽을 얹어 올릴 때 뭉개지지 않게 고정시켜 주는 역할을 합니다. • 카렌듈라 인퓨즈드 오일 및 마카다미아 넛 오일은 여타 식물성 오일로 대체 가능 • 향료는 에센셜 오일 혹은 프래그런스 오일 총합 2.5g • 컬러별 반죽 용량 총 240g = 핑크 30g + 옐로우 50g + 초록 70g + 파랑 90g

  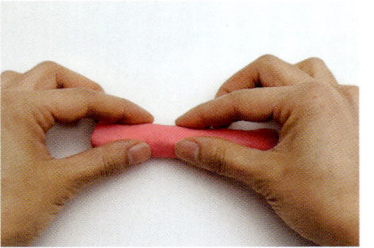

1 가루 재료와 액체 재료를 혼합하여 반죽 후, 반죽에 용량별로 색을 입혀 줍니다.

　※ 버블바 반죽하기 100페이지
　　버블바 조색하기 101페이지

2 핑크색 반죽을 제외한 나머지 반죽은 마르지 않게 밀폐 용기에 담아 놓습니다.

3 핑크 반죽을 양손으로 눌러 가며 길이 약 12cm로 길게 만들어 줍니다.

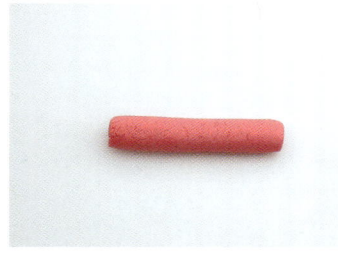  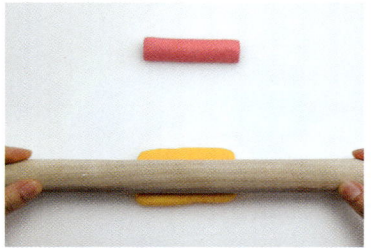

4 5분 정도 굳히면, 반죽이 부풀어서 커지는 걸 볼 수 있습니다. 바닥에 쳐서 반죽의 기포를 빼 줍니다.

　NOTE 기포가 차 있는 상태에서 만들면 표면에 크랙이 생깁니다.

5 노란색 반죽을 꺼내 촉촉하게 만들어 줍니다.

　※ 버블바 촉촉하게 만들기 101페이지

6 길이는 핑크색 반죽과 비슷하게, 너비는 핑크색 반죽을 한 번 감쌀 수 있을 정도로 밀어 주세요.

7 칼로 바닥에 붙은 반죽을 분리해서 핑크색 반죽에 감싸 주세요.

8 초록색 반죽도 동일하게 만들어 줍니다.

9 파란색 반죽도 동일하게 만들어 줍니다.

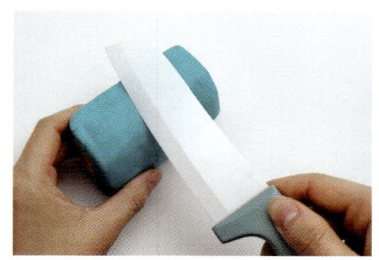 

10 갈라진 표면은 칼로 긁어 매끄럽게 만들어 줍니다.

11 레몬 슬라이스를 하듯 4조각으로 잘라 주세요.

※ **건조 시간** : 버블바는 어느 정도 단단해지면 바로 포장합니다. 완전히 건조되는 데는 약 1일 소요되며 포장 시 탄산가스가 방출될 수 있도록 구멍을 내 주세요. 완성된 입욕제는 상자에 넣어 하나씩 꺼내 사용합니다.

※ **용법 및 용량** : 수압으로 녹여 사용합니다. 수압이 셀수록 풍성한 거품이 만들어져요. 1인 욕조 기준 1개씩 사용합니다. 부족하다면 추가로 넣어도 좋습니다.

※ **사용 및 보관** : 1년 이내 사용, 직사광선을 피해 서늘한 곳에 보관. 에센셜 오일이 휘발성이 있으니 밀봉하거나 상자에 잘 넣어 보관해 주세요.

05
레인보우 케이크 버블바
rainbow cake bubble bar

✦ ✦ ✦

오색 빛깔의 레인보우 케이크 디자인입니다.
가장 많이 사용하는 빨강, 노랑, 초록, 파랑, 보라 다섯 가지 색을
만드는 연습을 할 수 있어요. 아이와 함께 체험해 보세요.
원하는 색깔로 반죽을 입히는 과정이 재미있답니다.
완성된 미니 케이크는 반으로 커팅해서 사용합니다.

난이도	★★☆☆☆
소요 시간	1시간 (숙련도에 따라 상이)
도구	스텐볼, 유리 비커(100ml 이상), 위생 장갑, 종이 포일, 칼, 원형 쿠키 커터
색소	핑크, 네온핑크, 옐로우, 틸그린, 브라이트블루, 퍼플
레시피	250g (1개 분량 / 커팅하면 총 2회 사용분) **[가루 재료]** 베이킹소다 125g, 혼합산 50g, 옥수수 전분 15g, SLSA 25g **[액체 재료]** 라우라미도프로필베타인 25g, 올리브 오일 10g, 라벤더 에센셜 오일 2g, 로즈 프래그런스 오일 0.5g
참고	• 레이어 사이를 촉촉한 흰색 반죽으로 부착하는 게 point! 반죽은 겉면이 마르면 서로 붙지 않고 떨어집니다. 5가지 색을 먼저 입히고 모양을 내면 아주 빠르게 만들지 않는 이상 반죽이 말라 레이어끼리 붙지 않는데요. 이때 사이에 들어가는 흰색 반죽이 접착제 역할을 해 줍니다. • 올리브 오일은 여타 식물성 오일로 대체 가능 • 향료는 에센셜 오일 혹은 프래그런스 오일 총합 2.5g

1 가루 재료와 액체 재료를 혼합해 반죽해 주세요.

※ 버블바 반죽하기 100페이지

2 반죽은 35g씩 5등분하여 무지개 색으로 입혀 줍니다. 나머지 흰색 반죽은 밀폐 용기에 담아 주세요.

※ 버블바 조색하기 101페이지

3 한 가지 컬러씩 반죽을 원형 쿠키 커터에 넣고 넓게 펴 주세요. 쿠키 커터를 뒤집어서 반죽이 있는 부분을 손바닥으로 탁탁 치면 반죽이 빠져요.

4 5가지 색 모두 동일하게 만들어 줍니다.

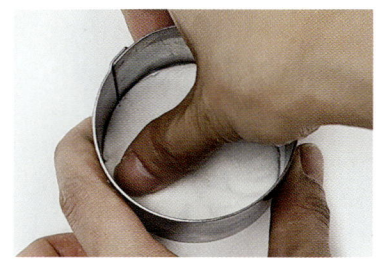 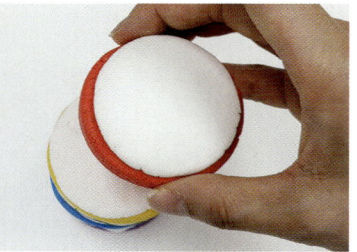

5 밀폐 용기의 흰색 반죽도 10g씩 꺼내서 납작한 동그라미로 동일하게 만들어 주세요. 중간 흰색 크림 부분은 10g씩 4개를 만들고 나머지로 맨 윗부분 크림을 만듭니다.

6 흰색 반죽 하나 완성하면 빨강과 노랑을 이어 붙이고, 또 하나 완성하면 노랑과 초록을 이어 붙입니다.

7 완성된 버블바는 반으로 커팅해 사용합니다. 버블바는 말랑말랑할 때 잘라 주세요.

TIP 레인보우 케이크 버블바 컬러링

컬러	색소 첨가량 (반죽 35g 기준)
레드	핑크 2방울, 네온핑크 1방울, 옐로우 2방울
옐로우	옐로우 2방울
그린	틸그린 2방울, 옐로우 1방울
블루	브라이트블루 1방울
퍼플	퍼플 2방울

※ **건조 시간** : 버블바는 어느 정도 단단해지면 바로 포장합니다. 완전히 건조되는 데는 약 1일 소요되며 포장 시 탄산가스가 방출될 수 있도록 구멍을 내 주세요. 완성된 입욕제는 상자에 넣어 하나씩 꺼내 사용합니다.

※ **용법 및 용량** : 수압으로 녹여 사용합니다. 수압이 셀수록 풍성한 거품이 만들어져요. 1인 욕조 기준 1개씩 사용합니다. 부족하다면 추가로 넣어도 좋습니다.

※ **사용 및 보관** : 1년 이내 사용. 직사광선을 피해 서늘한 곳에 보관. 에센셜 오일이 휘발성이 있으니 밀봉하거나 상자에 잘 넣어 보관해 주세요.

06
롤케이크 버블바
cake roll bubble bar

✦ ✦ ✦

돌돌 말아서 잘라 내는 재미가 있는 롤케이크 버블바입니다.
버블바 디자인의 기본 중 기본이죠?
보기보다 어렵다는 이야기가 많지만
몇 가지 포인트만 습득하면 금방 따라 할 수 있습니다.

난이도	★★☆☆☆
소요 시간	40분 (숙련도에 따라 상이)
도구	스텐볼, 유리 비커(100ml 이상), 위생 장갑, 종이 포일, 칼, 밀대, 스크래퍼
색소	네온핑크, 옐로우, 브라이트그린
레시피	250g (4~5개 분량) **[가루 재료]** 베이킹소다 125g, 혼합산 50g, 옥수수 전분 15g, SLSA 25g **[액체 재료]** 라우라미도프로필베타인 25g, 스위트 아몬드 오일 5g, 올리브 오일 5g, 레몬 에센셜 오일 1g, 라임 에센셜 오일 1g, 슈가레몬 프래그런스 오일 0.5g
참고	• **라인이 끊어지지 않게 잡아 주면서 마는 것이 point!** 버블바 반죽은 늘어나는 성질이 없기 때문에, 그냥 말면 반죽이 끊어져서 라인이 예쁘게 나오지 않아요. 반죽이 갈라지지 않게 잡아 주면서 조심히 말아 주어야 예쁜 소용돌이 모양이 나옵니다. • 스위트 아몬드 오일 및 올리브 오일은 여타 식물성 오일로 대체 가능 • 향료는 에센셜 오일 혹은 프래그런스 오일 총합 2.5g • **컬러별 반죽 용량** 총 240g = 흰색 100g + 자몽색 140g

1 가루 재료와 액체 재료를 혼합해 반죽하고 색도 입혀 줍니다.

※ 버블바 반죽하기 100페이지
버블바 조색하기 101페이지

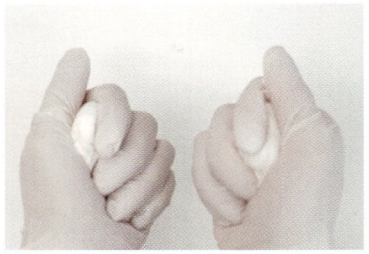

2 흰색 반죽을 주물러서 촉촉하게 만들어 주세요.

※ 버블바 촉촉하게 만들기 101페이지

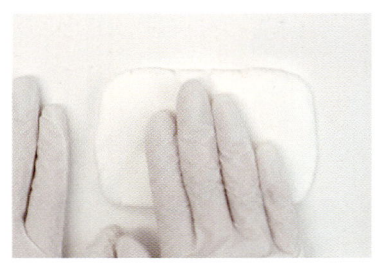

3 반죽을 길고 납작하게 눌러 준 후, 밀대로 밀어 가로 9cm, 세로 14cm 정도로 만들어 주세요.

4 완성된 반죽은 마르지 않게 종이 포일로 덮어 놓습니다.

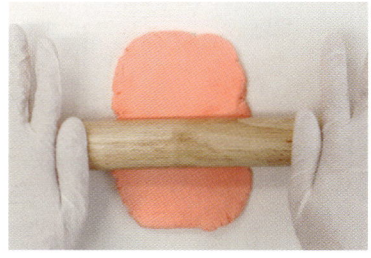

5 자몽색 반죽도 넓고 납작하게 만들어 주세요. 가로 길이는 흰색 반죽과 같도록 하되, 세로 길이는 2cm 정도 더 길게 만들어 주세요.

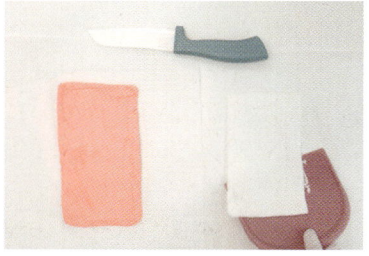

6 바닥에 붙은 흰색 반죽을 스크래퍼로 분리해 줍니다.

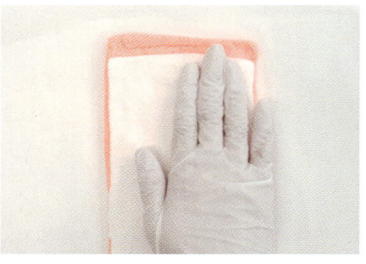

7 자몽색 반죽 위에 흰색 반죽을 올리고 손바닥으로 가볍게 눌러 붙여 줍니다.

 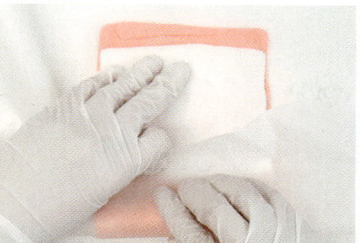

8 아래 끝부터 말아 줍니다. 한번에 말지 말고, 천천히 반죽이 끊어지지 않게 잡아 주면서 말아야 해요.

9 흰색 반죽이 위로 뜨지 않게 잡아 주면서 말아 줍니다.

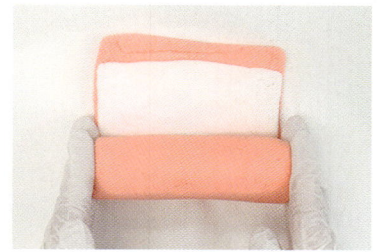 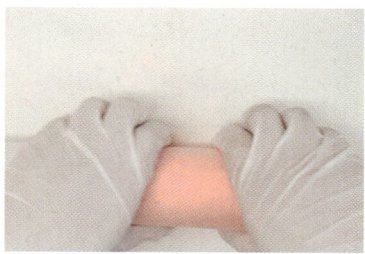 

10 반죽의 가로 길이가 눌려서 길어지지 않도록 계속 잡아 줍니다.

11 종이 포일을 감아 말고, 양옆으로 손으로 문지르며 모아 주세요.

12 칼로 가로 길이를 반듯하게 잡아 주고, 레몬 슬라이스를 하듯 4등분으로 잘라 주세요.

- **※ 건조 시간** : 버블바는 어느 정도 단단해지면 바로 포장합니다. 완전히 건조되는 데는 약 1일 소요되며 포장 시 탄산 가스가 방출될 수 있도록 구멍을 내 주세요. 완성된 입욕제는 상자에 넣어 하나씩 꺼내 사용합니다.
- **※ 용법 및 용량** : 수압으로 녹여 사용합니다. 수압이 셀수록 풍성한 거품이 만들어져요. 1인 욕조 기준 1개씩 사용합니다. 부족하다면 추가로 넣어도 좋습니다.
- **※ 사용 및 보관** : 1년 이내 사용. 직사광선을 피해 서늘한 곳에 보관. 에센셜 오일이 휘발성이 있으니 밀봉하거나 상자에 잘 넣어 보관해 주세요.

07
체크 패턴 버블바
checkered bubble bar

✦ ✦ ✦

딱 떨어지는 체크 패턴은 어떻게 만들어질까요?
모두 손으로 빚어 만들기에 꼼꼼하게 다듬어 주는 것이 중요합니다.
이전의 6가지 디자인보다 난이도가 높아진 체크 패턴!
처음부터 완벽하게 완성하기는 어렵겠지만,
충분히 연습하면 누구나 가능합니다.

난이도	★★★★☆
소요 시간	1시간 (숙련도에 따라 상이)
도구	스텐볼, 유리 비커(100ml 이상), 위생 장갑, 종이 포일, 칼
색소	블루, 퍼플
레시피	250g (4개 분량)

[가루 재료] 베이킹소다 125g, 혼합산 50g, 옥수수 전분 15g, SLSA 25g
[액체 재료] 라우라미도프로필베타인 20g, 마카다미아 넛 오일 10g, 그린레몬 프래그런스 오일 1g, 스피어민트 에센셜 오일 1g, 시더우드 에센셜 오일 0.5g

참고
- 사각형 모서리를 각지게 다듬어 주는 것이 point!
  체크 패턴 디자인은 여러 개의 사각형을 하나로 이어 붙여 만드는 방식입니다.
  사각형 모서리를 날렵하게 다듬어 주어야 라인이 깨끗하게 나옵니다.
- 마카다미아 넛 오일은 여타 식물성 오일로 대체 가능
- 향료는 에센셜 오일 혹은 프래그런스 오일 총합 2.5g
- 컬러별 반죽 용량
  총 240g = 흰색 26g + 연파랑 104g + 진파랑 104g

1 가루 재료와 액체 재료를 혼합하여 반죽합니다. 조색 후 모든 반죽은 밀폐 용기에 넣어 주세요.

※ 버블바 반죽하기 100페이지
 버블바 조색하기 101페이지

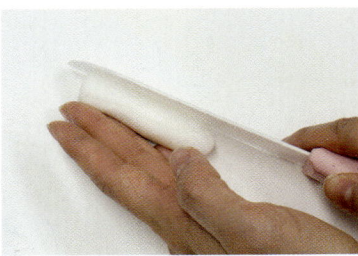

2 흰색 반죽을 긴 직육면체 형태로 만들어 줍니다. 길이는 7cm 정도가 적당합니다.

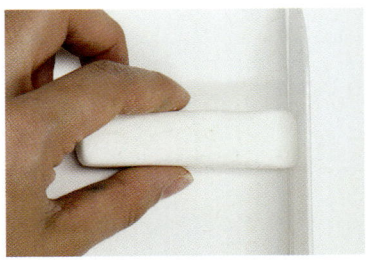

3 칼로 양옆, 위아래를 각지게 잡아 주고 잠시 건조합니다.

NOTE 모서리가 둥글면 체크 패턴이 뭉개집니다.

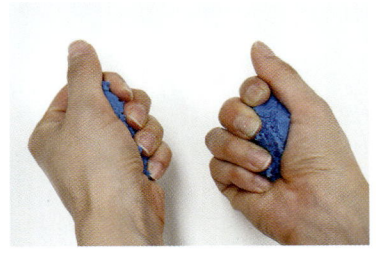

4 진파랑 반죽을 꺼내 촉촉하게 만들어 줍니다.

※ 버블바 촉촉하게 만들기 101페이지

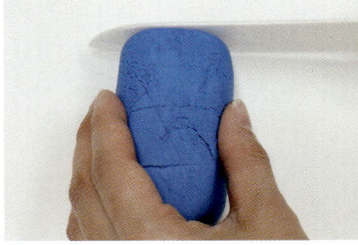

5 긴 직육면체 형태로 만들어 줍니다.

6 흰색 반죽과 높이는 같되 넓이는 4배 크기로 만들어 주세요.

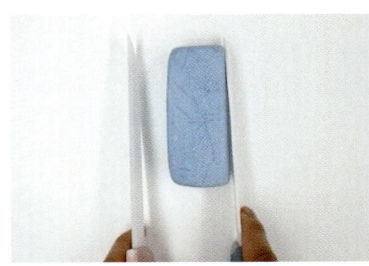

7 연파랑 반죽도 진파랑 반죽과 동일하게 만들어 주세요.

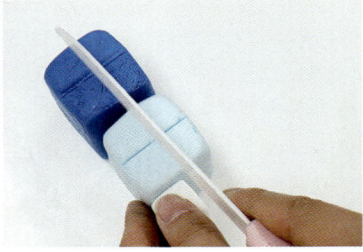

8 4등분할 수 있도록 칼로 자국을 냅니다.

9 반죽을 눕혀 놓고 4등분으로 잘라 줍니다.

10 연파랑 반죽 두 개를 흰색 반죽 양쪽에 놓고 꾹 눌러 붙입니다.

> **NOTE** 반죽이 말라서 붙지 않는 경우, 유리 비커에 묻어 있는 액체 재료를 얇게 발라서 붙여 줍니다.

11 진파랑 반죽도 동일하게 지그재그로 붙여 줍니다.

12 레몬 슬라이스를 하듯 4등분으로 잘라 주세요.

※ **건조 시간** : 버블바는 어느 정도 단단해지면 바로 포장합니다. 완전히 건조되는 데는 약 1일 소요되며 포장 시 탄산가스가 방출될 수 있도록 구멍을 내 주세요. 완성된 입욕제는 상자에 넣어 하나씩 꺼내 사용합니다.

※ **용법 및 용량** : 수압으로 녹여 사용합니다. 수압이 셀수록 풍성한 거품이 만들어져요. 1인 욕조 기준 1개씩 사용합니다. 부족하다면 추가로 넣어도 좋습니다.

※ **사용 및 보관** : 1년 이내 사용. 직사광선을 피해 서늘한 곳에 보관. 에센셜 오일이 휘발성이 있으니 밀봉하거나 상자에 잘 넣어 보관해 주세요.

08

아이 거품목욕 버블바스
baby bubble bath

✦ ✦ ✦

아토피, 습진으로 고생하는 우리 아이를 위해 엄마가 직접 만들 수 있는 버블바스입니다. 피부가 민감한 아기도 안심하고 사용할 수 있는 원료로만 엄선했습니다. 1시간 넘게 물놀이하는 아이들에게 좋은 저자극 거품 입욕제입니다. 핑크색 분말의 칼라민은 자극받은 피부를 진정시키는 데 도움을 줄 수 있습니다.

난이도	★☆☆☆☆
소요 시간	20분
도구	스텐볼, 유리 비커(100ml 이상), 위생 장갑, 주걱, 거름망(선택), 용기
레시피	250g (5회 분량)
	[가루 재료] 베이킹소다 100g, 구연산 40g, 옥수수 전분 45g, SLSA 20g, 칼라민 파우더 3g
	[액체 재료] 라우릴글루코사이드 30g, 호호바 오일 10g, 만다린 에센셜 오일 1g, 스위트오렌지 에센셜 오일 0.5g, 라벤더 에센셜 오일 0.5g
참고	• 라우릴글루코사이드는 코코글루코사이드로 대체 가능 • 호호바 오일은 여타 식물성 오일로 대체 가능 • 향료는 에센셜 오일 혹은 프래그런스 오일 총합 2g

1 볼에 가루 재료를 모두 계량해 담아 주세요.

2 유리 비커에 액체 재료를 모두 계량해 담아 주세요.

3 액체 재료를 흔들어 섞은 후 가루 재료에 부어 주세요.

4 가루와 액체가 잘 혼합되도록 주걱으로 천천히 섞어 줍니다.
NOTE SLSA가 가루 날림이 있으니 주의하세요.

5 주걱으로 반죽을 뭉개면서 섞어 주세요. 흰색 가루 덩어리가 보이지 않을 때까지 혼합해 주세요.

6 잘 섞였다면 이대로 직사광선이 없는 서늘한 곳에서 약 1일 건조합니다.

7 손으로 으깼을 때 부서질 정도로 마르면 거름망에 걸러서 파우더로 만들 수 있습니다. 거름망에 거르지 않고 사용해도 좋습니다.

TIP 사용하고 남은 칼라민 파우더로 민감 피부를 위한 인샤워 진정팩 만들기

재료 : 칼라민 파우더, 물
만들기 : 칼라민 파우더가 잘 풀어질 정도로 물을 넣어 저어 주세요.
사용법 : 샤워 후에 액상으로 만든 칼라민 파우더를 자극받은 피부에 부드럽게 문질러 주고 물로 헹구어 냅니다. 가렵거나 염증이 있는 피부를 진정시켜 주는 효과가 있어요. 만들어 놓은 팩은 보관하지 말고 바로 모두 사용해 주세요.

TIP 칼라민 파우더를 대체할 수 있는 다양한 천연 분말

자초 분말 : 자초는 피부 재생 효과가 좋은 원료로 아토피나 습진 등 민감한 아기 피부에 도움이 될 수 있습니다.
편백 분말 : 항염 및 항균 효과로 인해 아토피나 피부 가려움증 등을 완화해 줍니다.
오트밀 분말 : 목욕 후 아기 피부가 건조해지지 않도록 부드럽게 마무리해 줍니다.
황토 분말 : 항균 작용이 뛰어나고 아기 땀띠를 가라앉히는 데 효과적입니다.

※ **건조 시간** : 하루 완전히 건조 후 용기에 담아 주세요. 실내 습도가 40% 이상인 경우, 종이 포일 등을 덮어서 습기가 닿지 않도록 해 주세요.

※ **용법 및 용량** : 수압으로 녹여 사용합니다. 수압이 셀수록 풍성한 거품이 만들어져요. 1회 4~5스푼이 적당합니다. 부족하다면 추가로 넣어도 좋습니다.

※ **사용 및 보관** : 1년 이내 사용. 직사광선을 피해 서늘한 곳에 보관. 에센셜 오일이 휘발성이 있으니 밀봉하거나 상자에 잘 넣어 보관해 주세요.

09
수박 버블바
watermelon bubble bar

✦ ✦ ✦

여름이면 클래스에서 가장 인기 있는 수박 디자인의 버블바입니다.
원하는 위치에 씨앗을 쏙쏙 넣을 수 있는 방법을 알려 드릴게요.
잘 익은 수박처럼 빨갛게 색이 입혀진 버블바는 물에 풀었을 때
예쁜 핑크색으로 변신합니다. 달콤하게 풍기는 과일향은 덤입니다.

난이도	★★★☆☆
소요 시간	1시간 30분 (숙련도에 따라 상이)
도구	스텐볼, 유리 비커(100ml 이상), 시약스푼, 위생 장갑, 종이 포일, 칼, 밀대, 스크래퍼
색소	틸그린, 핑크, 옐로우, 숯 분말&글리세린
레시피	250g (3개 분량) [가루 재료] 베이킹소다 125g, 혼합산 50g, 옥수수 전분 15g, SLSA 25g [액체 재료] 라우라미도프로필베타인 25g, 마카다미아 넛 오일 10g, 피치 프래그런스 오일 1.5g, 그레이프프루트 프래그런스 오일 1g
참고	• **빨간색 반죽을 단단한 텍스처로 만드는 게 point!** 버블바 반죽은 단단하지 않은 상태에선 흐물거리고 부풀어 오르는 성질이 있습니다. 단단하지 않은 상태에서는 수박 껍질 라인이 뭉개지고 씨앗도 선명하게 표현하기 어려워요. 빨간색 반죽을 단단한 텍스처로 만들어서 모양을 내는 게 수박 디자인의 핵심 포인트입니다. • 마카다미아 넛 오일은 여타 식물성 오일로 대체 가능 • 향료는 에센셜 오일 혹은 프래그런스 오일 총합 2.5g • **컬러별 반죽 용량** 총 240g = 검정색(수박씨) 5g + 흰색(속껍질) 35g + 초록색(껍질) 35g + 빨간색(과육) 165g

1 버블바를 반죽하여 색을 입힌 후 밀폐 용기에 모두 넣어 놓습니다.
   NOTE 검정색은 숯 분말 시약스푼 반 스푼 + 글리세린 한 방울 넣어서 색을 입혀 줍니다.
   ※ 버블바 반죽하기 100페이지, 버블바 조색하기 101페이지

 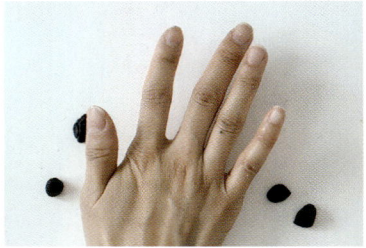

2 검정색 반죽을 1g씩 5개로 나눠 줍니다.

3 손바닥으로 굴려서 길게 만들어 주세요.
   NOTE 너무 힘을 주어 누르면 끊어지니, 힘을 빼고 전체적으로 굵기가 일정하게 굴려 줍니다.

 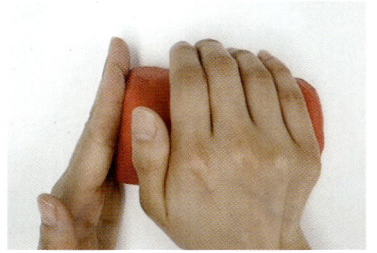

4 수박씨가 건조되는 동안 과육을 만들어 줍니다. 빨간색 반죽을 긴 반달 모양이 되게 만들어 주고, 5분간 굳힙니다.

5 살짝 굳히고 나면 반죽이 약간 부풀어 오른 걸 볼 수 있습니다. 길이가 길어지지 않게 옆면을 받치고, 손바닥으로 윗면을 감싸면서 톡톡 치면 기포가 빠져요.

6 칼로 반듯하게 전체적으로 다듬어 줍니다. 반죽이 물컹거리지 않고 단단한 상태여야 합니다.

7 과육이 완성되면, 수박씨 넣을 부분을 뾰족한 도구로 눌러서 표시해 주세요.

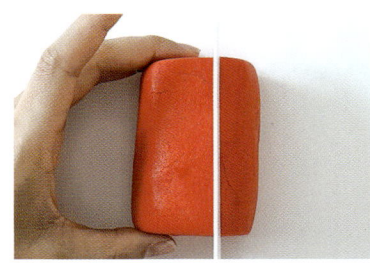 

8 수박씨가 들어갈 부분까지 칼로 자릅니다.

9 잘린 부분을 약간 열어서 공간을 만들고 수박씨를 그 사이에 넣어 주세요.

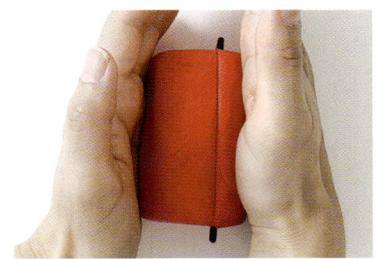 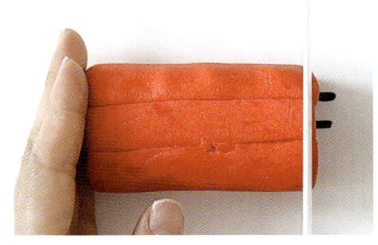

10 손바닥으로 다시 꼼꼼하게 붙여 줍니다. 나머지 수박씨 4개도 동일하게 넣어 주세요.

NOTE 수박씨와 과육 사이 공간이 뜨지 않게 꼼꼼하게 눌러 붙여 주세요.

11 옆으로 튀어나온 부분은 잘라 냅니다.

 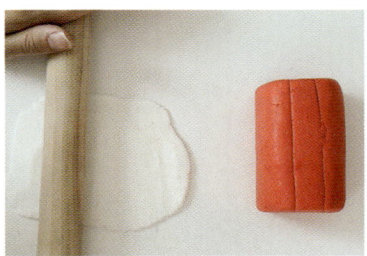 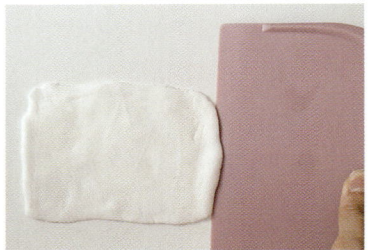

12 밀폐 용기에 넣어 두었던 흰색 반죽을 꺼내 주물러서 촉촉하게 만들어 줍니다.

※ 버블바 촉촉하게 만들기 101페이지

13 과육을 감쌀 수 있도록 넓고 길게 만들어 주세요.

NOTE 흰색 반죽에 과육을 굴려서 사이즈가 맞는지 확인해 봅니다.

14 달라붙은 반죽은 스크래퍼로 분리합니다.

  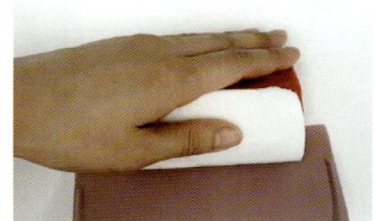

15 흰색 반죽으로 과육을 감싸 줍니다.

 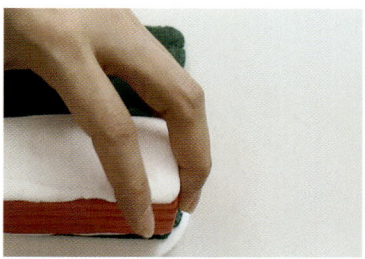 

16 반죽이 뜨지 않게 테이프를 붙이듯이 감아 주세요.

17 초록색 껍질 부분도 동일하게 만들어 감싸 줍니다.

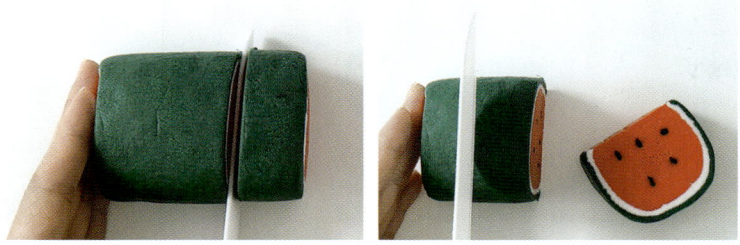

18 레몬 슬라이스를 하듯 4조각으로 잘라 줍니다.

※ **건조 시간** : 버블바는 어느 정도 단단해지면 바로 포장합니다. 완전히 건조되는 데는 약 1일 소요되며 포장 시 탄산가스가 방출될 수 있도록 구멍을 내 주세요. 완성된 입욕제는 상자에 넣어 하나씩 꺼내 사용합니다.

※ **용법 및 용량** : 수압으로 녹여 사용합니다. 수압이 셀수록 풍성한 거품이 만들어져요. 1인 욕조 기준 1개씩 사용합니다. 부족하다면 추가로 넣어도 좋습니다.

※ **사용 및 보관** : 1년 이내 사용, 직사광선을 피해 서늘한 곳에 보관. 에센셜 오일이 휘발성이 있으니 밀봉하거나 상자에 잘 넣어 보관해 주세요.

10
리얼 코코넛 버블바
real coconut bubble bar

✦ ✦ ✦

갈색 껍질의 올드 코코넛 모양을 본딴 디자인 버블바입니다.
올드 코코넛 안의 하얗고 단단한 과육을 갈아서 만든 게 코코넛 오일입니다.
달달한 향이 매력적인 코코넛 오일은 건조한 피부에 뛰어난 보습 효과를 주어요.
코코넛 오일을 듬뿍 넣어 만든 코코넛 버블바는 물에 녹으면서 새하얀 거품으로
바뀌고, 목욕 후엔 몰라보게 부드러워진 피부를 느낄 수 있어요.

난이도	★★★★☆
소요 시간	2시간 (별도의 건조 시간 포함, 숙련도에 따라 상이)
도구	스텐볼, 유리 비커(200ml 이상), 위생 장갑, 종이 포일, 칼, 조각칼, 밀대, 스크래퍼, 투명 원형 몰드 70mm 2개
색소	브라운
레시피	500g (2개 분량 / 4조각) **[가루 재료]** 베이킹소다 250g, 혼합산 100g, 옥수수 전분 30g, SLSA 50g **[액체 재료]** 라우라미도프로필베타인 50g, 코코넛 오일 20g(고체인 경우 중탕하여 녹여서 첨가), 바닐라 프래그런스 오일 2g, 티트리 에센셜 오일 2g, 시더우드 에센셜 오일 1g
참고	• **둥글게 감싼 반죽 안에 공기가 차지 않게 잡아 주는 것이 point!** 몰드에 반죽을 감싸 동그랗게 만들 때, 반죽과 몰드 사이에 공기가 차면 원형이 반듯하게 만들어지지 않아요. 반죽이 뜨지 않게 테이프를 붙이듯 꼼꼼하게 감싸 주어야 합니다. • 코코넛 오일은 여타 식물성 오일로 대체 가능 • 향료는 에센셜 오일 혹은 프래그런스 오일 총합 5g • **컬러별 반죽 용량** 총 480g = 갈색(껍질) 280g + 흰색(과육) 200g

1 기존 반죽보다 2분 더 반죽해서 더 되직한 텍스처로 만들어 줍니다.

※ 버블바 반죽하기 100페이지

2 갈색 껍질 부분 280g을 빼고, 나머지 반죽은 100g씩 나누어 넓게 밀어 줍니다.

NOTE 70mm 몰드가 감싸질 정도의 크기로 밀어 줍니다. 반죽이 질어서 밀대에 달라붙는 경우 2분 정도 반죽을 건조했다가 다시 작업해 주세요.

3 흰색 반죽을 스크래퍼로 떼어 냅니다.

  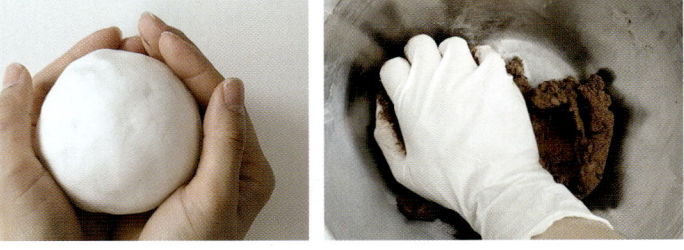

4 옥수수 전분을 묻힌 70mm 몰드에 공기가 차지 않게 흰색 반죽을 손으로 잘 모아서 감싸 줍니다. 나머지 하나도 동일하게 만들고 10분 간 건조시켜 줍니다.

NOTE 몰드에 전분을 묻혀 놓아야 반죽이 쉽게 분리됩니다.

5 갈색 껍질 부분 280g은 갈색으로 색을 입혀 주세요.

※ 버블바 조색하기 101페이지

6 반죽을 140g씩 나누어 넓적하게 밀고, 몰드에 흰색 반죽을 감싼 것과 같은 방식으로 그 위에 감싸 줍니다. 나머지 하나도 동일하게 만들어 줍니다.

7 조각칼로 스크래치를 내서 코코넛 껍질 느낌을 표현해 주세요. 약 30분간 충분히 건조시켜 주세요.

8 칼로 꾸욱 눌러 반으로 잘라 주세요.

9 버블바를 양손으로 잡고 돌려서 분리해 줍니다.

※ **건조 시간** : 버블바는 어느 정도 단단해지면 바로 포장합니다. 완전히 건조되는 데는 약 1일 소요되며 포장 시 탄산가스가 방출될 수 있도록 구멍을 내 주세요. 완성된 입욕제는 상자에 넣어 하나씩 꺼내 사용합니다.

※ **용법 및 용량** : 수압으로 녹여 사용합니다. 수압이 셀수록 풍성한 거품이 만들어져요. 1인 욕조 기준 1개씩 사용합니다. 부족하다면 추가로 넣어도 좋습니다.

※ **사용 및 보관** : 1년 이내 사용, 직사광선을 피해 서늘한 곳에 보관. 에센셜 오일이 휘발성이 있으니 밀봉하거나 상자에 잘 넣어 보관해 주세요.

11

눈으로 먹는 마카롱 버블바
macaron bubble bar

✦ ✦ ✦

꼬끄와 필링 하나하나 손으로 빚어 만드는
마카롱 디자인, 꼬끄의 옆면 디테일 기법이 중요합니다.
꼬끄가 구워지면서 부풀어 올라 자연스럽게 터진 부분들을
표현하는 방법을 배워 보겠습니다.

난이도	★★☆☆☆
소요 시간	1시간 (숙련도에 따라 상이)
도구	스텐볼, 유리 비커(100ml 이상), 위생 장갑, 종이 포일, 조각칼, 칼
색소	옐로우, 브라이트그린, 브라이트블루
레시피	250g (4개 분량)
	[가루 재료] 베이킹소다 125g, 혼합산 50g, 옥수수 전분 15g, SLSA 25g
	[액체 재료] 라우라미도프로필베타인 25g, 호호바 오일 7g, 살구씨 오일 3g, 슈가레몬 프래그런스 오일 2g, 클라리세이지 에센셜 오일 0.5g, 글리세린
참고	• **위아래 꼬끄 사이즈를 맞춰 주는 것이 point!** 양쪽 꼬끄의 사이즈가 다르면 마카롱이 전체적으로 틀어져 보일 수 있어요. 꼬끄는 하나를 완성해 놓고 나면 약간 부풀어 올라 사이즈가 커지는데요. 모두 완성한 뒤에 하나씩 다듬어서 사이즈를 동일하게 만들어 줘요. • 호호바 오일 및 살구씨 오일은 여타 식물성 오일로 대체 가능 • 향료는 에센셜 오일 혹은 프래그런스 오일 총합 2.5g • **컬러별 반죽 용량** 총 240g = 노란색 꼬끄 84g + 연두색 꼬끄 84g + 하늘색 필링 72g

1 가루 재료와 액체 재료를 혼합하여 반죽합니다.
  NOTE 리코타치즈 텍스처에서 2분 더 반죽해 줍니다. 덩어리로 뭉치는 묵직한 텍스처가 됩니다.
  ※ 버블바 반죽하기 100페이지

2 84g은 노란색으로, 84g은 연두색으로 색을 입혀 주세요. 남은 반죽은 하늘색 필링 부분입니다.
  ※ 버블바 조색하기 101페이지

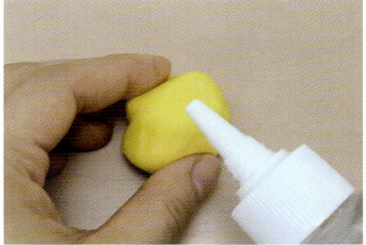

3 노란색과 연두색 반죽을 각각 21g씩 4등분해 줍니다.

4 나머지 반죽은 밀폐 용기에 넣고, 하나만 꺼내서 글리세린 1방울을 묻혀 주물러 주세요.
  NOTE 글리세린은 마른 반죽을 다시 진득하게 만들어, 반죽을 납작하게 누를 때 가장자리가 갈라지는 것을 줄여 줍니다.

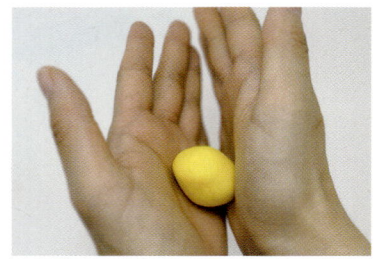

5 손바닥에 반죽을 놓고 힘을 주어 5번, 힘을 빼고 5번 굴려 주세요. 이렇게 하면 크랙이 없는 동그라미가 만들어집니다.

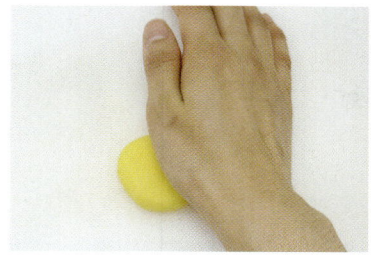 

6 지름 5cm로 넓게 눌러 줍니다.
NOTE 가장자리가 벌어지지 않도록 반대손으로 옆을 받치면서 눌러 주세요.

7 8개 모두 동일하게 만들고, 바닥에 달라붙은 반죽은 칼로 떼어 냅니다.

8 처음 만든 것부터 순서대로, 왼손으로 반죽을 받치고 오른손은 칼로 옆면을 반듯하게 다듬어 주세요.

9 부풀어서 둥글게 올라온 윗면은 칼로 톡톡 쳐서 평평하게 다듬어 주세요.

10 가장자리 크랙은 손으로 문질러서 매끈하게 만들어 줍니다.

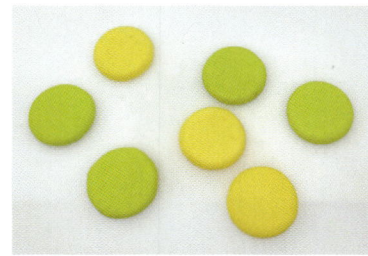 

11 8개 모두 동일하게 만들어 주세요. **12** 칼등으로 옆면에 라인을 만들어 줍니다.

13 반죽을 바닥에 놓고 칼등으로 라인 아랫 부분을 긁어 줍니다.

14 8개 모두 동일하게 만들어 줍니다.　**15** 남은 72g 반죽은 하늘색으로 색을 입히고 18g씩 4등분해 주세요. 손바닥에 놓고 힘을 주어 5번, 힘을 빼고 5번 굴려 동그랗게 만들어 줍니다.

16 손으로 납작하게 눌러 줍니다.　**17** 옆면은 칼등을 이용해 대각선으로 그어 줍니다.

18 꼬끄와 꼬끄 사이에 필링을 놓고 가볍게 눌러 주면 완성입니다. 나머지도 모두 동일하게 완성해 줍니다.

TIP 꼬끄와 필링이 서로 붙지 않을 때 대처법

방법 1 필링에 글리세린을 다시 한 방울 묻힌 후 주물러서 진득하게 만들고 꼬끄 사이에 놓고 붙여 줍니다.

방법 2 필링의 위와 아래에 라우라미도프로필베타인을 한 방울 떨어뜨린 후 문질러 주고 꼬끄를 붙여 주세요. 부착면이 마를 때까지 충분히 건조시켜 주세요.

방법 3 이미 버블바가 단단하게 굳은 이후라면, 필링의 위와 아래에 물을 얇게 묻히고 문지른 다음 꼬끄를 붙여 줍니다. 물이 마를 때까지 충분히 건조시켜 주세요.

※ **건조 시간** : 버블바는 어느 정도 단단해지면 바로 포장합니다. 완전히 건조되는 데는 약 1일 소요되며 포장 시 탄산가스가 방출될 수 있도록 구멍을 내 주세요. 완성된 입욕제는 상자에 넣어 하나씩 꺼내 사용합니다.

※ **용법 및 용량** : 수압으로 녹여 사용합니다. 수압이 셀수록 풍성한 거품이 만들어져요. 1인 욕조 기준 1개씩 사용합니다. 부족하다면 추가로 넣어도 좋습니다.

※ **사용 및 보관** : 1년 이내 사용. 직사광선을 피해 서늘한 곳에 보관. 에센셜 오일이 휘발성이 있으니 밀봉하거나 상자에 잘 넣어 보관해 주세요.

12

갤럭시 스쿱 버블바
galaxy scoop bubble bar

✦ ✦ ✦

아이스크림 스쿱 디자인에 갤럭시의 다섯 가지 컬러를 합쳐 만든 디자인입니다.
플라스틱프리 친환경 글리터까지 더하면 반짝반짝 화사한 입욕제가 완성됩니다.
스쿱 버블바 첫 도전이라면 한 가지 컬러로 먼저 연습해 보세요.
만드는 방법을 훨씬 수월하게 습득할 수 있습니다.

난이도	★★★☆☆
소요 시간	40분~1시간 (숙련도에 따라 상이)
도구	스텐볼, 유리 비커(200ml 이상), 위생 장갑, 종이 포일, 아이스크림 스쿱 24호(지름 5cm), 붓
색소	핑크, 퍼플, 브라이트블루, 숯 분말&글리세린.
레시피	500g (6개 분량) **[가루 재료]** 베이킹소다 250g, 혼합산 100g, 옥수수 전분 30g, SLSA 50g, 에코 글리터(선택) **[액체 재료]** 라우라미도프로필베타인 50g, 스위트 아몬드 오일 20g, 그레이프프루트 프래그런스 오일 2g, 로즈우드 에센셜 오일 1g, 스위트오렌지 에센셜 오일 1g, 라임 에센셜 오일 1g
참고	• 스쿱에 반죽이 빠지지 않게 고정시키는 게 point! 아이스크림 스쿱 모양의 디자인은 스쿱에 반죽을 넣어서 손잡이로 윗면을 긁어내는 방식입니다. 스쿱에서 반죽이 빠지면 한쪽만 긁히고 나머지 한쪽은 모양이 나오지 않아요. 스쿱을 잡는 자세에 따라 매우 쉽게 만들 수도 있고 매우 힘들게 만들 수도 있습니다. 같이 자세를 먼저 연습하고 하나하나 만들어 볼게요. • 스위트 아몬드 오일은 여타 식물성 오일로 대체 가능 • 향료는 에센셜 오일 혹은 프래그런스 오일 총합 5g

1 반죽을 5등분으로 나누어 각각 원하는 색으로 입혀 줍니다.
※ 버블바 반죽하기 100페이지
  버블바 조색하기 101페이지

2 각 컬러 반죽을 조금씩 떼어 총 80g으로 만들고, 반죽을 여러 번 뜯어서 섞어 주면 마블 모양을 만들 수 있어요.

3 나머지 모두 동일하게 만들고, 밀폐 용기에 담아 주세요.

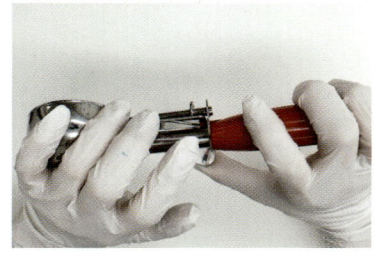 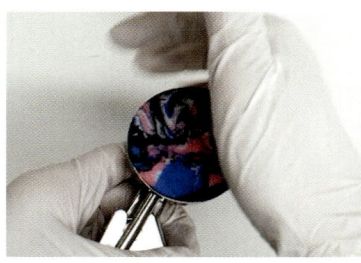

4 스쿱 손잡이 잡는 법 먼저 연습해 볼게요. 오른손으로 스쿱의 손잡이를 잡고 스쿱 동그란 부분을 왼손 약지와 새끼손가락으로 감싸 줍니다. 손잡이는 양손 엄지손가락으로 동시에 눌러 줍니다.

5 반죽을 하나를 꺼내 스쿱에 넣고 손바닥으로 납작하게 눌러 줍니다.

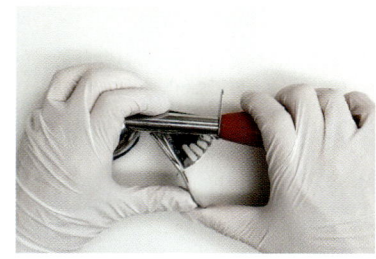 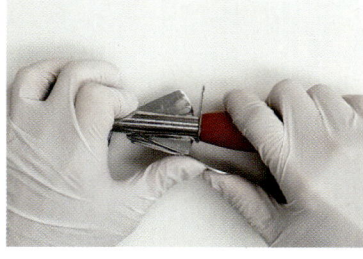

6 스쿱을 바닥에 받치고 손잡이를 눌러 줍니다.

7 손잡이를 끝까지 눌러 주세요.

NOTE 스쿱으로 반죽을 긁어서 아이스크림 텍스처를 표현해 주는 기법입니다. 손잡이를 누를 때 반죽이 스쿱에서 빠지지 않게 바닥에 잘 받쳐 주어야 해요.

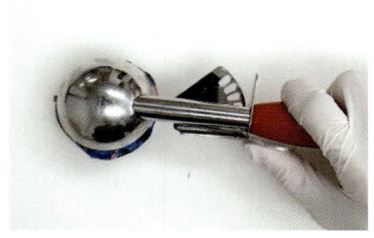 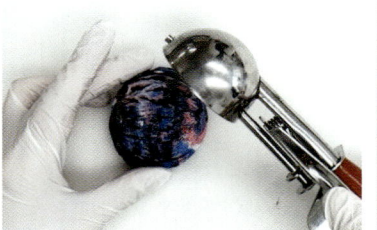 

8 손잡이를 끝까지 누른 상태에서 스쿱을 위로 들어 빼 줍니다.

NOTE 반죽이 마르면 힘이 많이 들어가서 더 어려워질 수 있으니 연습할 땐 250g 레시피로 시도해 보세요.

9 나머지도 동일하게 만들고, 에코펄을 뿌려 데코해 주세요.

※ **건조 시간** : 버블바는 어느 정도 단단해지면 바로 포장합니다. 완전히 건조되는 데는 약 1일 소요되며 포장 시 탄산가스가 방출될 수 있도록 구멍을 내 주세요. 완성된 입욕제는 상자에 넣어 하나씩 꺼내 사용합니다.

※ **용법 및 용량** : 수압으로 녹여 사용합니다. 수압이 셀수록 풍성한 거품이 만들어져요. 1인 욕조 기준 1개씩 사용합니다. 부족하다면 추가로 넣어도 좋습니다.

※ **사용 및 보관** : 1년 이내 사용. 직사광선을 피해 서늘한 곳에 보관. 에센셜 오일이 휘발성이 있으니 밀봉하거나 상자에 잘 넣어 보관해 주세요.

13
시럽이 흐르는 빙수 버블바
pink syrup drizzle bubble bar

✦ ✦ ✦

귀여운 빙수 모양의 버블바는 핑크색 시럽이 흐르는 게 포인트에요!
시럽에 첨가된 코코아버터는 보습감을 한층 더 높여 줍니다.
쿠키 만들기처럼 하나하나 데코하는 재미가 있는 디자인입니다.

난이도	★★☆☆☆
소요 시간	40분~1시간 (숙련도에 따라 상이)
도구	스텐볼, 유리 비커(200ml 이상), 유리 비커(25ml 이상), 시약스푼, 위생 장갑, 밀대, 칼, 종이 포일, 이쑤시개 혹은 조각칼, 원형 쿠키 커터
색소	네온핑크, 블루
레시피	250g (4개 분량)

[가루 재료] 베이킹소다 125g, 혼합산 50g, 옥수수 전분 15g, SLSA 25g

[액체 재료] 라우라미도프로필베타인 25g, 스위트 아몬드 오일 10g,
그레이프프루트 프래그런스 오일 2.5g

[시럽 재료] 옥수수 전분 4g, 코코아버터 5g, 폴리소르베이트80 0.5g

[기타 재료] 크리스탈 솔트 12ea, 컬러마이카, 소독용 에탄올

참고
- **표면을 매끄럽게 만드는 것이 point!**
  버블바 반죽은 겉면이 마르면 갈라지기 시작합니다. 반죽을 주물러 촉촉하게 만들고 나면, 반죽이 마르기 전에 빠르게 밀어 쿠키 커터로 찍어 내 주세요. 표면을 매끄럽게 만들 수 있습니다.
- 스위트 아몬드 오일은 여타 식물성 오일로 대체 가능
- 향료는 에센셜 오일 혹은 프래그런스 오일 총합 2.5g

1 가루 재료와 액체 재료를 혼합하여 반죽해 주세요.
 ※ 버블바 반죽하기 100페이지

2 반죽 80g은 블루 색소 반 방울을 넣어 색을 입힌 후, 마르지 않도록 밀폐 용기에 담아 놓습니다.
 ※ 버블바 조색하기 101페이지

3 흰색 반죽은 40g씩 4개로 나누어 주세요.

 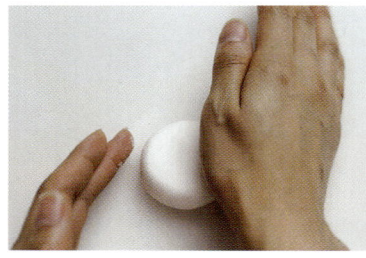

4 반죽을 촉촉하게 만들어 줍니다.
 ※ 버블바 촉촉하게 만들기 101페이지

5 동그랗게 뭉쳐 바닥에 놓고 납작하게 눌러 주세요. 옆면이 터지지 않게 반대쪽 손바닥으로 받쳐 눌러 줍니다.

 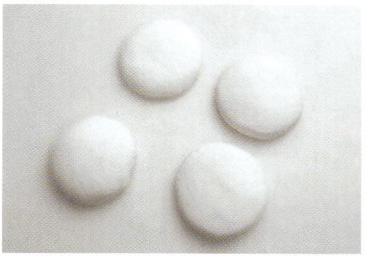 

6 바닥에 달라붙은 반죽은 칼로 떼어 냅니다.

7 나머지 반죽도 동일하게 만들어 주세요.

8 부풀어 오른 반죽은 칼로 옆면을 받치고 돌려 주면 반듯해집니다.

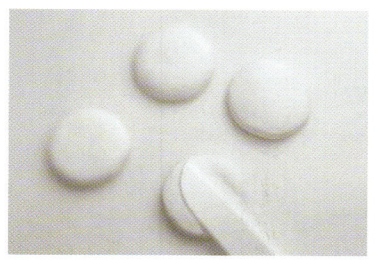 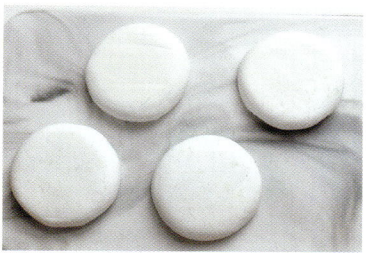

9 윗면은 칼로 톡톡 쳐서 평평하게 만들어 주세요.

10 모두 동일하게 만들어 줍니다.

▶ 젤리 만들기

11 젤리 모양을 표현하기 위해 입자가 굵은 소금을 준비해 주세요.

12 컬러마이카를 적정량 넣고 소독용 에탄올을 뿌려 소금에 색을 착색시킵니다.

13 알록달록한 색깔로 다양하게 만들어 보세요.

▶ 빙수 그릇 만들기

 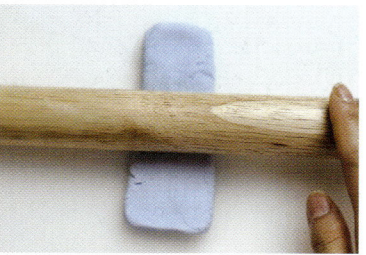

14 밀폐 용기에 있던 반죽은 주물러서 촉촉하게 만들어 주세요.

15 밀대로 길게 밀어 주세요. 원형 쿠키 커터 2개를 찍어 낼 수 있는 사이즈가 적당합니다.

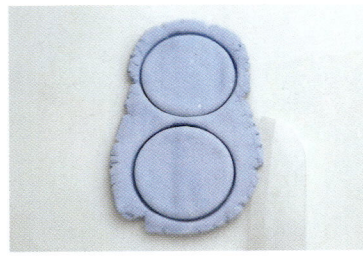 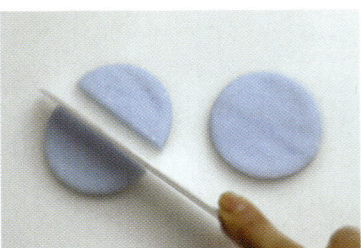 

16 원형 쿠키 커터로 꾹 찍어 주고, 바닥에 붙은 반죽은 칼로 분리합니다.

17 절반으로 잘라 흰색 반죽 아래에 붙여 주세요.

18 이쑤시개 혹은 조각칼로 곡선을 그어 그릇 모양을 만들어 줍니다.

▶ 시럽 만들기

  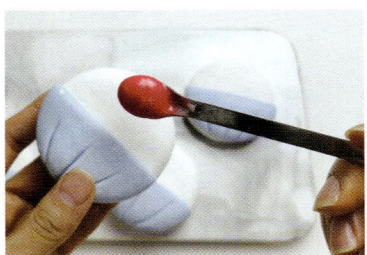

19 녹인 코코아버터에 폴리소르베이트80을 넣고 골고루 섞은 후 옥수수 전분도 첨가하여 혼합해 줍니다.

20 네온 핑크 색소를 넣어 색을 입혀 줍니다.

21 빙수 위에 시약스푼으로 시럽 한 스푼을 얹습니다.

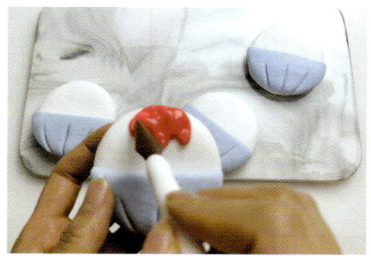  

22 조각칼로 밀어서 흐르는 시럽 느낌을 만들어 줍니다.

 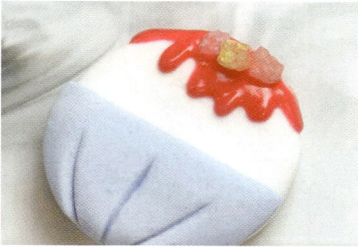

23 젤리 모양의 소금으로 데코하여 마무리합니다.

※ **건조 시간** : 시럽 부분을 충분히 건조시킨 후 포장합니다. 완전히 건조되는 데는 약 1일 소요되며 포장 시 탄산가스가 방출될 수 있도록 구멍을 내 주세요. 완성된 입욕제는 상자에 넣어 하나씩 꺼내 사용합니다.

※ **용법 및 용량** : 수압으로 녹여 사용합니다. 수압이 셀수록 풍성한 거품이 만들어져요. 1인 욕조 기준 1개씩 사용합니다. 부족하다면 추가로 넣어도 좋습니다.

※ **사용 및 보관** : 1년 이내 사용. 직사광선을 피해 서늘한 곳에 보관. 에센셜 오일이 휘발성이 있으니 밀봉하거나 상자에 잘 넣어 보관해 주세요.

14

캐릭터 버블바
character bubble bar

✦ ✦ ✦

꾸준히 인기 있는 캐릭터 버블바, 재미있는 표정들을 보면
미소가 절로 지어집니다. 어떠한 캐릭터이든 전반적인 기법은 동일하기 때문에
한두 가지 디자인만 배워도 모든 캐릭터를 다 만들어 낼 수 있어요.
매끄럽고 깨끗하게 만들기 위해서는 충분한 연습이 필요합니다.
실력이 쌓이면, 다양한 캐릭터를 자유롭게 만들어 보세요!

난이도	★★★★★
소요 시간	2시간 (숙련도에 따라 상이)
도구	스텐볼, 유리 비커(100ml 이상), 위생 장갑, 종이 포일, 조각칼, 도트펜, 붓, 밀대, 칼
색소	브라운, 브라이트그린, 블루, 옐로우, 핑크, 네온핑크, 숯 분말&글리세린
레시피	250g (3개 분량 / 캐릭터 3가지 선택) **[가루 재료]** 베이킹소다 125g, 혼합산 50g, 옥수수 전분 15g, SLSA 25g **[액체 재료]** 라우라미도프로필베타인 25g, 스위트 아몬드 오일 7g, 바닐라 프래그런스 오일 1g, 레몬 에센셜 오일 1g, 버가못 에센셜 오일 0.5g, 글리세린 3g
참고	• **캐릭터 얼굴의 표면을 매끄럽게 만드는 것이 point!** 작은 반죽을 손으로 빚어서 만드는 것이 익숙하지 않은 경우, 오른손으로 모양을 내다 보면 왼손이 말을 듣지 않아요. 캐릭터 얼굴이 왼쪽 손가락에 눌려 굴곡이 생기는 게 흔히 하는 실수입니다. 수시로 얼굴 표면이 매끄럽게 유지되고 있는지 확인하고, 오른손으로 감싸 엄지손가락으로 문질러 주면 다시 매끄럽게 다듬을 수 있습니다. • 스위트 아몬드 오일은 여타 식물성 오일로 대체 가능 • 향료는 에센셜 오일 혹은 프래그런스 오일 총합 2.5g

1 가루 재료와 액체 재료를 혼합하여 반죽해 줍니다.

NOTE 리코타치즈 텍스처에서 2분 더 반죽해 줍니다. 덩어리로 뭉치는 묵직한 텍스처가 됩니다.

※ 버블바 반죽하기 100페이지

2 한번에 다섯 가지 디자인을 만드는 데 시간이 많이 소요되므로, 그 중 3가지를 골라서 만듭니다. 반죽은 70g씩 세 덩어리로 나눠 캐릭터 바탕색으로 입혀 주세요. 나머지 반죽은 밀폐 용기에 넣어 보관합니다.

※ 버블바 조색하기 101페이지

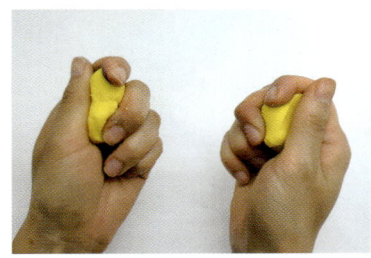 

3 겉면이 마른 반죽은 반으로 갈라 촉촉하게 만들어 줍니다.

※ 버블바 촉촉하게 만들기 101페이지

4 촉촉해진 반죽은 손으로 힘주어 동그랗게 뭉쳐 크랙을 없애 줍니다.

NOTE 반죽이 마르면 아무리 뭉쳐도 크랙이 안 없어져요. 그럴 땐 글리세린 1방울을 묻혀 주물러서 다시 촉촉하게 만들어 주세요.

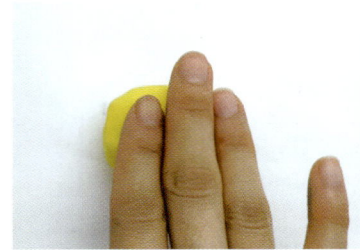 

5 옆면이 터지지 않을 정도로만 납작하게 눌러 주세요.

6 나머지 반죽도 동일하게 만들어 줍니다.

NOTE 색이 섞이지 않게 마른 수건이나 키친타올로 손을 깨끗하게 닦아 가며 작업합니다. 색이 진할수록 손에 더 잘 묻어납니다.

▶ 얼굴형 만들기

7 스펀지밥의 각진 얼굴형을 만들기 위해, 반죽 옆면을 바닥에 톡톡 쳐 주세요.

8 반죽 표면이 갈라지거나 굴곡이 생기지 않게 수시로 손으로 문질러 줍니다.

9 연두색(마이크)은 엄지손가락으로 문질러서 매끈한 동그라미가 되게 다듬어 줍니다.

10 파란색(쿠키몬스터)은 매끄럽게 다듬고 아랫부분을 평평하게 만들어 주세요.

11 갈색(브런치브라더)은 먼저 사각형으로 만들고, 식빵 모양을 내기 위해 양옆의 아랫 부분을 손으로 가볍게 눌러 줍니다.

12 마지막으로 검은색(미니마우스)은 동그랗게 문질러 다듬어 주세요.

13 캐릭터 얼굴형이 완성되었습니다.

▶ 디테일 넣기

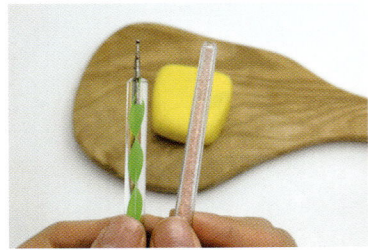  

14 디테일을 넣는 데에는 도트펜과 붓이 필요합니다.

15 스펀지밥은 옆면을 붓 뒤쪽으로 눌러 물결 모양을 만들어 주세요.

16 얼굴 표정을 스케치해 줍니다.

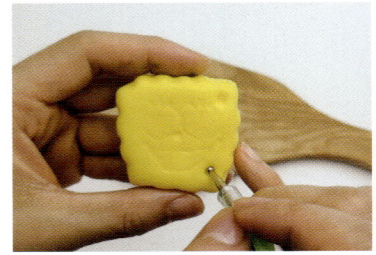 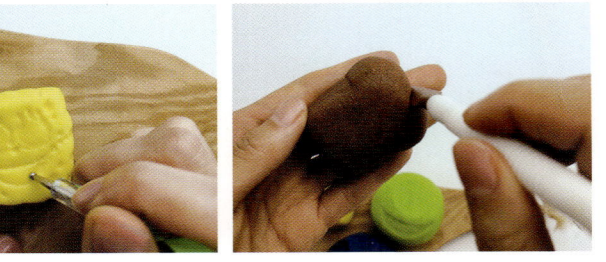

17 스케치를 다하면 이제 깊게 눌러 주세요. 반죽이 들어가는 부분은 라인을 만들어 준 후 나중에 반죽을 집어 넣는 방식입니다.

18 갈색 반죽은 조각칼로 가운데를 눌러 식빵 모양 디테일을 표현합니다.

19 나머지 모두 마찬가지로 반죽이 들어 가는 부분을 눌러 넣어 주세요.

20 밀폐 용기에 담아 놓았던 반죽을 꺼내어 밝은색부터 어두운색 순서로 표정을 붙여 줍니다.

21 반죽을 조금 빼서 빨간색으로 조색합니다. 반죽을 납작하게 밀어서 칼로 반달모양을 내 주세요.

22 검은색 반죽 위에 올려서 손바닥으로 가볍게 눌러 붙입니다.
NOTE 검은색 반죽에 스케치해 둔 사이즈보다 약간 작게 만들어야 눌렀을 때 넓어지면서 딱 맞게 붙여요.

23 미니마우스 옷의 흰색 도트 부분은 붓으로 눌러 주세요.

24 검은색 반죽을 촉촉하게 만들고, 동그랗게 만들어 귀를 붙여 주세요. 세워서 건조시킵니다.
NOTE 눕혀서 건조하면 하중 때문에 떨어질 수 있으니 꼭 세워서 건조해 주세요.

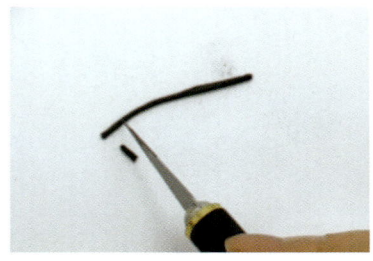  

25 검은색 반죽을 길고 얇게 만들어서 눈썹, 표정 등 맞는 부분에 끼워 넣어 줍니다. 나머지 검정색 부분도 모두 넣어 주세요.

26 손을 깨끗하게 하고, 베이지색 반죽을 밀대로 얇게 밀어 식빵 모양으로 잘라 줍니다.

27 위치에 맞게 붙여 줍니다.

28 마이크 이빨은 흰색 반죽을 길게 붙인 다음, 조각칼로 밀어 주면 됩니다.

29 캐릭터 디자인은 하나하나 손으로 빚어 내고 붙이는 방식이라 시간 소모가 큽니다. 처음부터 여러 개의 디자인을 만들지 말고, 한두 가지씩 선택해서 만들어 보세요.

TIP 캐릭터 버블바 컬러링

컬러	색소 첨가량 (반죽 70g 기준)
갈색 – 브런치브라더	브라운 5방울
파란색 – 쿠키몬스터	블루 2방울
노란색 – 스펀지밥	옐로우 2방울
연두색 – 마이크	브라이트그린 2방울
검정색 – 미니마우스	숯 분말 시약스푼 1스푼, 글리세린 2방울

TIP 곰돌이 귀 단단하게 붙이는 방법

곰돌이 귀 부분이 떨어지지 않도록 확실하게 부착하려면, 먼저 곰돌이 얼굴 모양을 만든 후 단단하게 굳을 때까지 기다립니다. 그리고 귀 부분 반죽에 글리세린을 한 방울 묻혀 주물러 준 후 얼굴 양쪽에 부착합니다. 버블바를 세워서 10분간 굳혀 주면 귀를 단단하게 붙일 수 있어요.

※ **건조 시간** : 버블바는 어느 정도 단단해지면 바로 포장합니다. 완전히 건조되는 데는 약 1일 소요되며 포장 시 탄산가스가 방출될 수 있도록 구멍을 내 주세요. 완성된 입욕제는 상자에 넣어 하나씩 꺼내 사용합니다.

※ **용법 및 용량** : 수압으로 녹여 사용합니다. 수압이 셀수록 풍성한 거품이 만들어져요. 1인 욕조 기준 1개씩 사용합니다. 부족하다면 추가로 넣어도 좋습니다.

※ **사용 및 보관** : 1년 이내 사용. 직사광선을 피해 서늘한 곳에 보관. 에센셜 오일이 휘발성이 있으니 밀봉하거나 상자에 잘 넣어 보관해 주세요.

15
케이크 버블바
cake bubble bar

✦ ✦ ✦

500g 반죽으로 만드는 미니 사이즈 체리 케이크!
손바닥만한 귀여운 사이즈가 매력적이에요.
체리를 하나씩 떼어서 물에 녹이면 거품 안에 숨어 있는
핑크빛 물결을 볼 수 있습니다. 어느 정도 난이도 있는 디자인이기 때문에
버블바 반죽이 익숙해지고 난 후에 만들어 보는 걸 권장합니다.

난이도	★★★★☆
소요 시간	1시간 30분 (숙련도에 따라 상이)
도구	스텐볼, 유리 비커(200ml 이상), 주걱, 위생 장갑, 칼, 조각칼, 스크래퍼, 밀대
색소	핑크, 네온핑크, 옐로우, 브라운
레시피	500g (케이크 1개 분량) [가루 재료] 베이킹소다 250g, 혼합산 100g, 옥수수 전분 30g, SLSA 50g [액체 재료] 라우라미도프로필베타인 50g, 스위트 아몬드 오일 20g, 그레이프프루트 프래그런스 오일 2.5g, 라벤더 에센셜 오일 2.5g
참고	• 케이크 바디 표면을 매끈하게 만드는 게 point! 버블바는 반죽이 촉촉할 때 모양을 내야 매끈하게 나와요. 촉촉한 반죽도 계속 손으로 만지면 마르고, 갈라지기 시작합니다. 그러면 손으로 딱 떨어지는 바디 모양을 만들기가 어려워요. 어느 정도 모양만 잡아 주고 약간 굳힌 후, 칼로 각을 잡아 주는 게 예쁘게 모양을 낼 수 있는 방법입니다. • 스위트 아몬드 오일은 여타 식물성 오일로 대체 가능 • 향료는 에센셜 오일 혹은 프래그런스 오일 총합 5g • 컬러별 반죽 용량 총 480g = 체리 18g + 체리 아래 흰색 크림 24g + 흐르는 흰색 크림 80g + 바디 358g

1 가루 재료와 액체 재료를 혼합해 반죽해 주세요.

※ 버블바 반죽하기 100페이지

2 각 용량별 반죽에 색을 입히고, 뭉쳐서 밀폐 용기에 넣어 주세요.

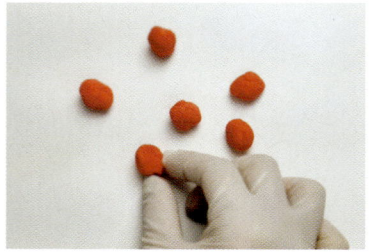

3 체리 반죽을 3g씩 6등분해 주세요.

NOTE 빨간색처럼 많은 양의 색소가 첨가되는 컬러는 반죽이 질어져 모양을 내기 어려우니 잠시 건조시킵니다.

4 바디 부분의 노란색 반죽을 손으로 뭉치고, 오른손 손바닥으로 치면서 크랙을 잡아 줍니다.

NOTE 반죽이 마른 상태에서는 크랙이 잡히지 않으니 촉촉하게 만들어서 작업합니다.

5 바닥에 놓고 가장자리가 갈라지지 않을 정도로만 가볍게 눌러 줍니다.

6 칼로 옆면을 받친 상태에서 윗부분을 눌러 평평하게 만들어 줍니다. 5분간 잠시 건조시킵니다.

7 5분 후 약간 부풀어 오른 반죽은 양손으로 감싸 바닥에 톡톡 쳐서 기포를 빼 줍니다.

8 옆면은 칼로 반듯하게 다듬어 주세요.

9 윗면은 평평하고 옆면은 딱 떨어지게 다듬어 줍니다.

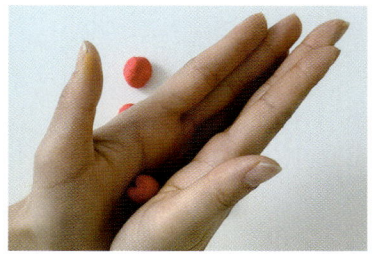

10 6등분한 체리 반죽 하나를 손 안에 넣고 힘을 주어 5번, 힘을 빼고 5번 굴려 줍니다.

11 6개 모두 크랙이 없는 동그라미로 만들어 주세요.

12 흐르는 크림이 될 흰색 반죽 80g을 꺼내 촉촉하게 만들어 줍니다.

※ 버블바 촉촉하게 만들기 101페이지

13 반죽을 바닥에 놓고 밀대로 넓게 편 후 손으로 납작하게 눌러 줍니다.

14 조각칼로 가장자리를 물결 모양으로 잘라 줍니다.

15 바닥에 붙은 반죽은 스크래퍼로 분리해 주세요.

16 분리한 반죽을 케이크 바디 위에 올려 줍니다.

17 칼로 가볍게 톡톡 쳐서 붙여 줍니다.

18 가장자리는 양손으로 감싸서 옆면에 붙여 줍니다.
NOTE 밑으로 내리면서 붙이면 갈라지면서 끊어질 수 있으니 그대로 감싸 주세요.

19 케이크를 뒤집어서 칼로 크림 옆면을 꼼꼼하게 붙여 줍니다.
NOTE 반죽이 바닥에 달라붙지 않도록 유의하세요.

20 케이크를 다시 똑바로 놓고 갈라진 부분은 조각칼로 매끈하게 긁어 주세요.

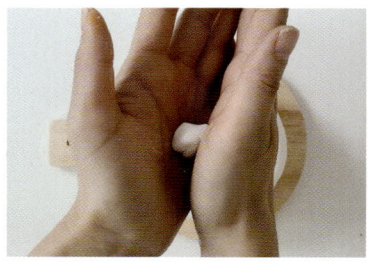

21 체리 아래에 들어갈 크림 반죽은 주물러서 촉촉하게 만들고 4g씩 6등분합니다.

22 손바닥에 놓고 힘을 주어 5번, 힘을 빼고 5번 굴려 주세요.

23 납작하게 누른 후 조각칼로 비스듬하게 라인을 만들어 줍니다.

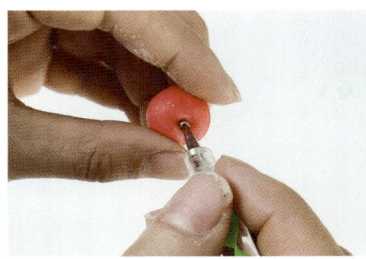 

24 체리의 가운데를 가볍게 눌러 모양을 내 주세요.

25 케이크 위에 흰색 크림을 놓고 그 위에 체리를 얹습니다. 나머지 모두 동일하게 만들어 주세요.

NOTE 완성된 케이크는 단단하게 마르기 전에 원하는 크기(4~6조각이 적당)로 잘라 놓으세요. 건조 후엔 딱딱하게 굳어 커팅하기가 어렵습니다.

- ※ **건조 시간** : 버블바는 어느 정도 단단해지면 바로 케이크 상자에 넣어 주세요. 완전히 건조되는 데는 약 1일 소요됩니다. 완성된 입욕제는 상자에 두고 한 조각씩 꺼내 사용합니다.
- ※ **용법 및 용량** : 수압으로 녹여 사용합니다. 수압이 셀수록 풍성한 거품이 만들어져요. 1인 욕조 기준 1개씩 사용합니다. 부족하다면 추가로 넣어도 좋습니다.
- ※ **사용 및 보관** : 1년 이내 사용. 직사광선을 피해 서늘한 곳에 보관. 에센셜 오일이 휘발성이 있으니 밀봉하거나 상자에 잘 넣어 보관해 주세요.

16
나만의 버블바 디자인하기
design my own bubble bar

✦ ✦ ✦

좋아하는 패턴을 넣어 세상에 단 하나밖에 없는
나만의 버블바를 디자인해 보세요.
비교적 난이도가 높으니 버블바 연습을
열심히 한 후에 시도해 보세요.
좋은 결과물을 만들 수 있을 겁니다.

난이도	★★★★★
소요 시간	1시간 30분(숙련도에 따라 상이)
도구	스텐볼, 유리 비커(200ml 이상), 위생 장갑, 종이 포일, 칼, 조각칼, 밀대
색소	블루, 브라운, 옐로우, 핑크
레시피	500g (6개 분량) **[가루 재료]** 베이킹소다 250g, 혼합산 100g, 옥수수 전분 30g, SLSA 50g **[액체 재료]** 라우라미도프로필베타인 50g, 마카다미아 넛 오일 20g, 로즈 프래그런스 오일 2g, 라벤더 에센셜 오일 1g, 클라리세이지 에센셜 오일 1g, 그레이프프루트 에센셜 오일 1g
참고	• 패턴 부분의 반죽을 충분히 건조시키는 것이 point! 　패턴 부분 반죽이 건조되지 않은 상태에서 바탕을 붙이면 패턴이 뭉개지기 때문에, 가장 먼저 패턴 부분을 만들고 충분히 굳혀 주는 게 중요해요. 그래야 온전히 귀여운 동그라미나 세모, 네모 모양이 유지됩니다. • 마카다미아 넛 오일은 여타 식물성 오일로 대체 가능 • 향료는 에센셜 오일 혹은 프래그런스 오일 총합 5g

▶ 부분별 반죽 용량 가늠하는 방법

1 종이에 원하는 패턴을 자유롭게 그립니다. 가장 작은 패턴인 가운데 노른자를 기준으로, 노른자와 같은 크기의 동그라미 혹은 반동그라미를 그려서 크기 배수를 가늠합니다. 흰자 부분은 노른자 크기의 동그라미가 1개 + 반동그라미가 4개 들어가므로 노른자 크기의 약 3배라고 볼 수 있습니다. 노른자의 용량을 a=30이라고 했을 때, 총 용량은 다음과 같습니다.
노른자 1a + 흰자 3a + 바탕 12a = 노른자 30g + 흰자 90g + 바탕 360g = 총 480g

▶ 만들기

  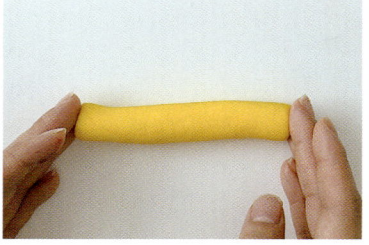

2 버블바를 반죽하여, 각 용량별로 색을 입혀 줍니다.
  ※ 버블바 반죽하기 100페이지
     버블바 조색하기 101페이지

3 나머지는 밀폐 용기에 담아 두고, 노란색 반죽만 꺼내서 손바닥으로 길게 밀어 줍니다.

4 바닥에 놓고 12cm 정도의 길이로 만들어 줍니다. 5분간 굳히면 반죽이 부풀어 오른 것을 볼 수 있습니다.

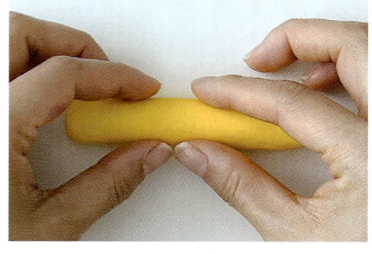  

5 손가락으로 돌려 가면서 가볍게 다시 뭉쳐 주면 기포가 빠집니다. 손바닥으로 한 번 굴려서 손가락 자국을 매끈하게 해 주면 완성입니다.
  NOTE 이 상태에서의 노란색 반죽은 단단한 상태여야 합니다. 단단하지 않으면 더 건조시켜 주세요.

6 흰색 반죽 절반만 꺼내서 길고 납작한 형태로 만들어 주세요.

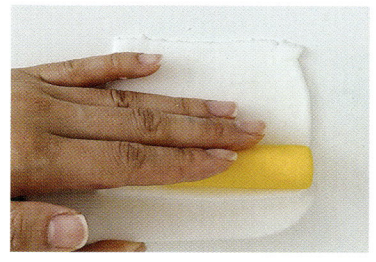

7 노란색 반죽을 안에 넣고 한 번 감아 줍니다.

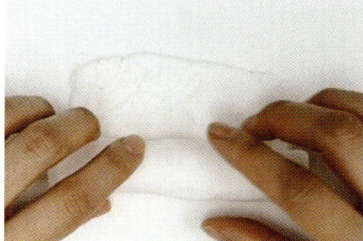

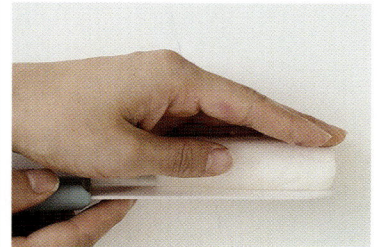

8 남는 부분은 칼로 잘라 주세요.

NOTE 겹치게 감싸면 노란색 반죽이 뭉개질 수 있습니다.

9 전체 길이가 12cm에서 더 늘어나지 않도록 칼로 수시로 모양을 잡아 주세요.

NOTE 모양을 내다가 길이가 늘어나면, 커팅할 때 표면에 크랙이 생깁니다.

10 남아 있던 흰색 반죽을 조금 꺼내서 긴 원통형으로 만들고, 반달모양이 되도록 붙여 줍니다.

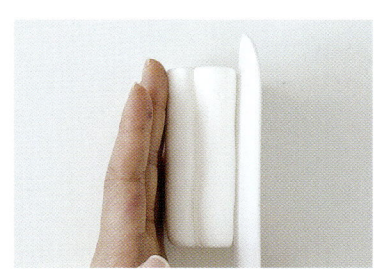

11 나머지도 디자인했던 대로 동일하게 붙이고 칼로 옆면의 굴곡을 다듬어 줍니다.

12 파란색 반죽을 주물러서 촉촉하게 만듭니다. 360g 중 180g만 꺼내서 길게 만든후, 계란 모양의 안쪽으로 들어간 부분을 채워 줍니다.

※ 버블바 촉촉하게 만들기 101페이지

13 남은 반죽은 긴 직사각형 모양으로 밀어 줍니다.

14 각 모서리를 칼로 반듯하게 다듬어 줍니다.

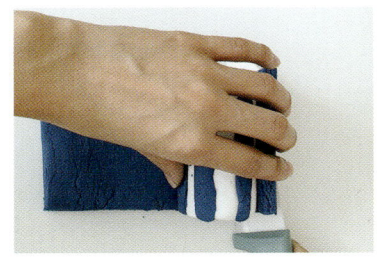

15 계란 모양의 반죽을 넣고 한 바퀴 감싸 줍니다.

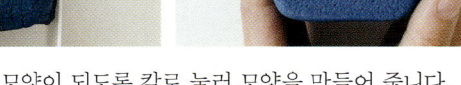
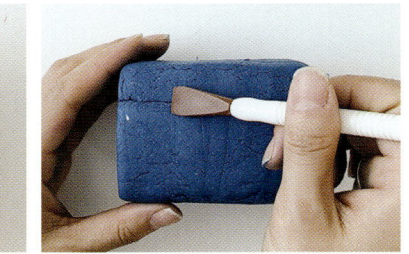

16 전체적으로 각진 모양이 되도록 칼로 눌러 모양을 만들어 줍니다.

17 경계 부분은 조각칼로 긁어서 매끈하게 다듬어 주세요.

18 레몬 슬라이스를 하듯 커팅해 주세요.

> **TIP 버블바 컬러링**
>
> | 컬러 | 색소 첨가량 (반죽 60g 기준) |
> | --- | --- |
> | 딥블루 - 바탕 | 블루 10방울, 브라운 10방울 |
> | 딥옐로우 - 노른자 | 옐로우 2방울, 핑크 극소량 (이쑤시개 1회 찍어 묻히기) |
>
> 색을 어둡게 만들 때는 브라운 색소를 첨가하고, 밝은 옐로우에 깊은 색감을 줄 때는 핑크를 아주 소량 첨가해 줍니다. 반대로 핑크색 계열에 깊은 색감을 줄 때는 옐로우 & 블루 색소를 아주 소량씩 첨가해 주면 됩니다.

> ※ **건조 시간** : 버블바는 어느 정도 단단해지면 바로 포장합니다. 완전히 건조되는 데는 약 1일 소요되며 포장 시 탄산가스가 방출될 수 있도록 구멍을 내 주세요. 완성된 입욕제는 상자에 넣어 하나씩 꺼내 사용합니다.
>
> ※ **용법 및 용량** : 수압으로 녹여 사용합니다. 수압이 셀수록 풍성한 거품이 만들어져요. 1인 욕조 기준 1개씩 사용합니다. 부족하다면 추가로 넣어도 좋습니다.
>
> ※ **사용 및 보관** : 1년 이내 사용. 직사광선을 피해 서늘한 곳에 보관. 에센셜 오일이 휘발성이 있으니 밀봉하거나 상자에 잘 넣어 보관해 주세요.

PART 04

욕조가 없어도 괜찮아요

잘 알려진 버블바와 배스밤 이외에도 다양한 형태의 입욕제가 있어요.
미네랄이 풍부한 소금부터 액상의 버블 주스까지 모두 배워 보겠습니다.

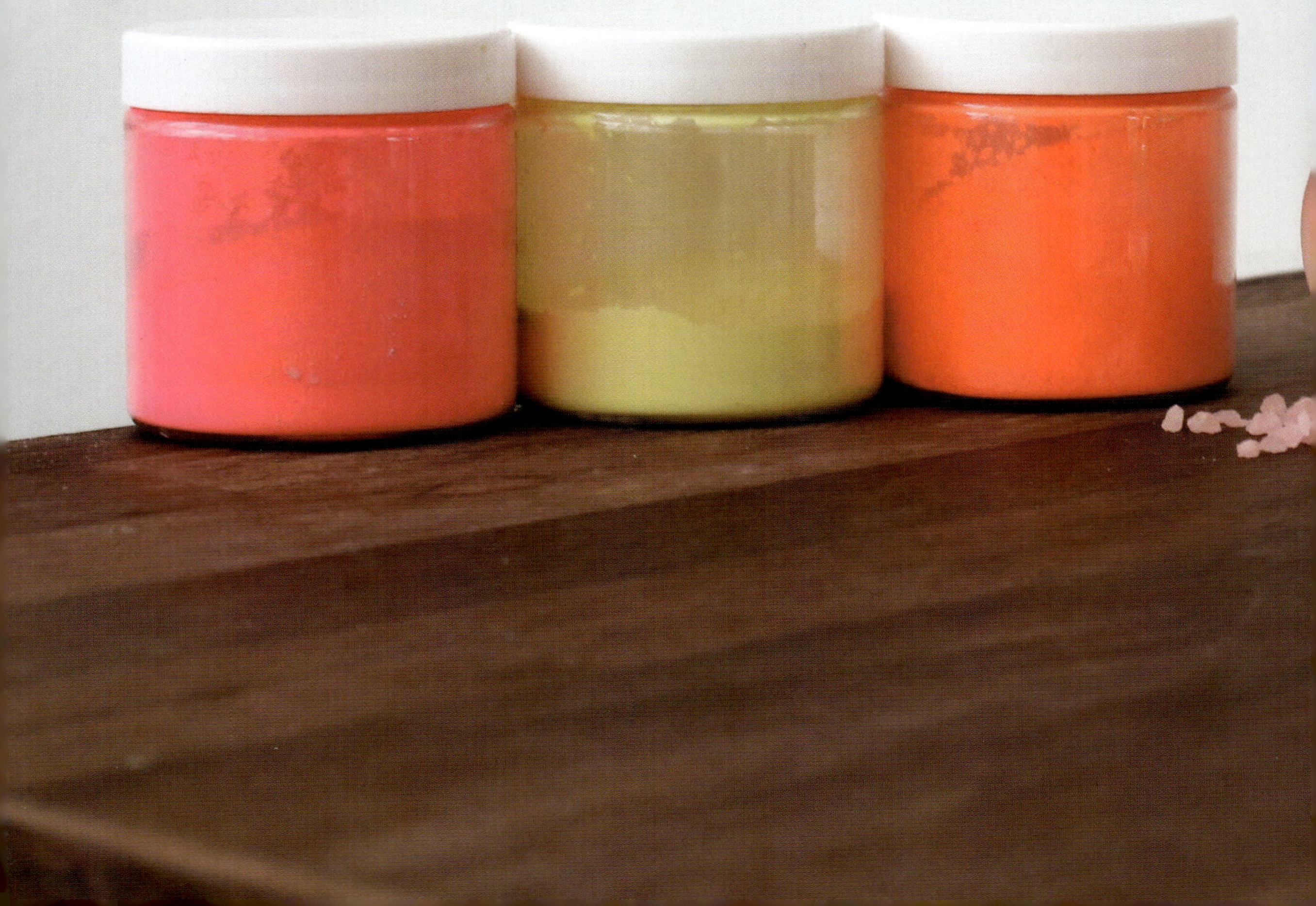

01
샤워밤
shower melt bomb

✦ ✦ ✦

욕조가 없어도 아로마 스파를 할 수 있는 샤워밤을 소개합니다.
샤워를 하는 동안 욕실 바닥에 놓으면 흐르는 물에 자연스럽게 녹아내리며
아로마 향기를 뿜어내는 입욕제입니다. 아침/저녁 샤워에 적합한 에센셜 오일
블렌딩으로 하루의 시작과 마무리에 특별함을 더해 보세요. 샤워밤은
피부에 사용하지 않기 때문에, 에센셜 오일을 조금 더 첨가할 수 있어요.

난이도	★☆☆☆☆
소요 시간	20분
도구	스텐볼, 위생 장갑, 스크래퍼, 도넛 모양 아이스 트레이
레시피	150g (미니 도넛 6개 분량)
	[가루 재료] 베이킹소다 100g, 구연산 50g
	[액체 재료] 에센셜 오일 3g
	[기타 재료] 소독용 에탄올, 말린 벚꽃잎(선택)
참고	• 에센셜 오일 블렌딩
	아침 샤워(에너지 부스팅) – 로즈마리 1g, 레몬그라스 1g, 페퍼민트 1g
	→ 집중력을 높이고 아침의 에너지를 진작해 주는 효과가 있습니다.
	저녁 샤워(릴렉싱) – 라벤더 1.5g, 버가못 1g, 시더우드 0.5g
	→ 긴장을 풀어 주고 숙면을 취할 수 있도록 마음을 편안하게 만들어 주는 효과가 있습니다.
	• 향료는 에센셜 오일 혹은 프래그런스 오일 총합 3g

1 볼에 가루 재료를 계량해 담아 주세요.

2 아침 샤워 혹은 저녁 샤워 중 한 가지 블렌딩을 정해서 에센셜 오일을 가루 재료에 모두 넣어 줍니다.

3 에센셜 오일이 골고루 흡수되도록, 양손으로 가루를 크게 떠서 힘주어 뭉개 주세요.

4 뭉쳐지는 텍스처를 만들기 위하여 소독용 에탄올을 5번 뿌려 줍니다.

5 양손으로 크게 떠서 힘주어 뭉개며 섞어 주세요.

6 잘 뭉치는 텍스처가 나오면 됩니다. 부족한 경우 소독용 에탄올을 1~2회 더 분사해 주세요.

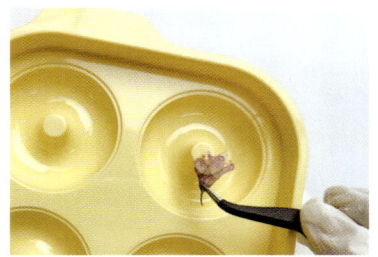

7 도넛 모양 트레이에 꽃잎을 놓아 줍니다. (선택)

8 가루를 가득 담아 줍니다.

9 손으로 꾹꾹 눌러 압축해 줍니다. 단단하게 꽉 차도록 넣어 주세요.

10 스크래퍼로 표면을 정리해 줍니다.

11 손으로 한 번 더 꼼꼼하게 압축해 줍니다. 샤워밤은 트레이에 넣고 하루 충분히 건조시켜 주세요.

13 건조 후 트레이를 엎어서 샤워밤을 빼 줍니다.

※ **건조 시간** : 샤워밤은 3시간 이상 충분히 건조시킨 후 트레이에서 꺼내 포장해 주세요. 습도가 높은 날엔 건조 중에 샤워밤에 습기가 닿지 않도록 종이 포일을 덮어 주세요. 완전히 건조되는 데는 약 1일 소요되며 포장 시 탄산가스가 방출될 수 있도록 구멍을 내 주세요. 완성된 입욕제는 상자에 넣어 하나씩 꺼내 사용하면 됩니다.

※ **용법 및 용량** : 샤워밤 1개를 욕실 바닥에 놓으면 샤워를 하는 동안 물에 녹아내리며 향긋한 아로마 향기를 뿜어냅니다.

※ **사용 및 보관** : 1년 이내 사용. 직사광선을 피해 서늘한 곳에 보관. 에센셜 오일이 휘발성이 있으니 밀봉하거나 상자에 잘 넣어 보관해 주세요.

02

배스솔트
bath salt

✦ ✦ ✦

오랜 시간 앉거나 서는 직업을 가진 분들에게 추천해 드려요.
하루 족욕 20분은 무거운 발과 다리를 시원하게 풀어 주고, 혈액순환을 촉진하는
데 도움을 줍니다. 뿐만 아니라, 파키스탄 원산지의 히말라야 크리스탈 솔트는
노폐물을 배출하고 피부를 부드럽게 해 주는 효과가 있어요.
상큼하게 올라오는 라임 에센셜 오일은 발을 청결하게 관리하고,
매끈하게 만들어 줍니다.

난이도	★☆☆☆☆
소요 시간	10분
도구	스텐볼, 위생 장갑, 용기
레시피	300g (1병 만들기) 히말라야 크리스탈 솔트 300g, 컬러마이카, 소독용 에탄올, 라임 에센셜 오일 10방울
참고	향료는 에센셜 오일 혹은 프래그런스 오일 종합 10방울

1 배스솔트를 담을 적당한 사이즈의 용기를 준비해 주세요. 용기 내부는 소독용 에탄올을 뿌려 소독해 줍니다.

2 소금에 원하는 색의 가루 색소(컬러 마이카 등)를 소량 첨가해 주세요.

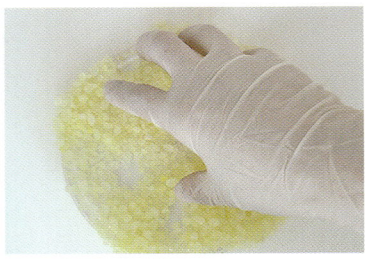

3 손으로 골고루 섞어 주세요.

4 소금에 색소를 입히기 위하여 소독용 에탄올을 3번 분사해 주세요.

5 손으로 비비면서 소금에 색소가 잘 입혀지도록 섞어 줍니다.

6 라임 에센셜 오일 10방울 첨가해 주세요.

7 에센셜 오일이 소금에 전체적으로 입혀지도록 골고루 섞어 주세요.

8 병에 담고, 뚜껑을 달아 보관합니다.

TIP 그 밖의 소금 종류
사해 소금(dead sea salt) – 높은 미네랄 함량 → 피부 정화 및 독소 배출 효과
엡솜 솔트(Epsom salt) – 소금과 유사한 황산마그네슘 → 통증 완화에 도움

※ **용법 및 용량** : 솔트를 적당량 넣고 물을 받아 주세요. 족욕의 경우 10g(한 스푼), 반신욕 혹은 전신욕의 경우 60g 이상 사용합니다.

※ **사용 및 보관** : 1년 이내 사용. 에센셜 오일이 휘발되지 않도록 용기에 밀폐하여 보관합니다.

03

족욕용 입욕제
foot bath cube

✦ ✦ ✦

족욕할 때 하나씩 꺼내 사용하는 족욕용 큐브를 소개합니다.
한번 만들면 한 달 이상 사용할 수 있어 편리합니다.
페퍼민트 에센셜 오일은 차가운 성질의 오일로
발을 시원하게 풀어 주는 역할을 합니다.
레몬 에센셜 오일은 각질 제거뿐만 아니라 발을 청결하게 관리해 줘요.
한번 빠지면 끊을 수 없는 족욕의 즐거움을 느껴 보세요!

난이도	★★☆☆☆
소요 시간	20분
도구	스텐볼, 유리 비커, 위생 장갑, 계량스푼, 큐브 아이스 트레이, 용기
색소	옐로우, 브라이트블루, 브라이트그린 등 선택
레시피	500g (약 45회 분량) [가루 재료] 베이킹소다 280g, 구연산 140g, 주석산 60g, 오트밀 3g [액체 재료] 올리브 리퀴드 1g, 카렌듈라 인퓨즈드 오일 5g, 어성초 추출물 1g, 레몬 에센셜 오일 1g, 페퍼민트 에센셜 오일 1g
참고	• 올리브 리퀴드는 라우라미도프로필베타인으로 대체 가능 • 카렌듈라 인퓨즈드 오일은 여타 식물성 오일로 대체 가능 • 어성초 추출물은 여타 플로럴 워터 혹은 추출물로 대체 가능

1 볼에 가루 재료를 계량해 담고, 액체 재료는 흔들어 잘 섞어 주세요.

2 액체 재료를 넣고 혼합해 줍니다.
※ 배스밤 혼합하기 21페이지

3 여러 가지 컬러로 만들고 싶다면, 반죽을 작은 스텐볼에 소분해 주세요.

4 큐브 아이스 트레이를 준비합니다.

5 반죽을 트레이에 꾹꾹 눌러 담아 주세요.

6 손가락으로 한 번 더 눌러 줍니다. 단단하게 꽉 채워 주세요.

7 표면을 쓸어 평평하게 만들어 줍니다.

8 다시 한 번 더 꼼꼼하게 압축해 줍니다.

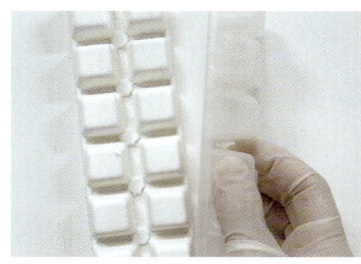
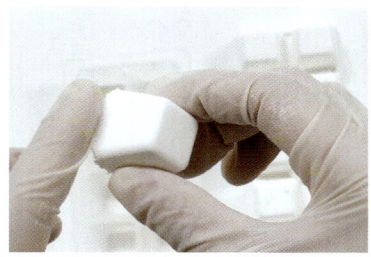

9 바닥에 탁 쳐서 꺼냅니다. 나머지도 동일하게 만들어 주세요.

10 모두 완성하고 2분 정도 건조 후, 가장자리를 가볍게 쓸어 털어 주세요.

※ **건조 시간** : 족욕 큐브는 20분 정도 충분히 건조한 후 용기에 담아 주세요. 완전히 건조되는 데는 약 1일 소요되며, 탄산가스가 방출될 수 있도록 하루가 지나고 뚜껑을 닫아 주세요. 완성된 입욕제는 하나씩 꺼내 사용합니다.
　　NOTE 실내 습도가 40% 이상인 경우, 배스밤이 건조되는 동안 습기가 닿지 않도록 종이 포일 등으로 덮어 주세요.

※ **용법 및 용량** : 물을 충분히 담고 족욕 큐브를 넣어 주세요. 1회 1~2개씩 사용합니다. 부족하다면 추가로 넣어도 좋습니다.

※ **사용 및 보관** : 1년 이내 사용. 직사광선을 피해 서늘한 곳에 보관. 에센셜 오일이 휘발성이 있으니 밀봉하거나 상자에 잘 넣어 보관해 주세요.

04

배스 초콜릿
bath chocolate

✦ ✦ ✦

초콜릿 싱크로율 100%, 하루 종일 고생한 나에게 달콤한 시간을 선물해 보세요!
배스 초콜릿은 반신욕에 좋을 뿐만 아니라, 보다 보습감이 높은 족욕제로
사용해도 최고입니다. 환절기에는 각질이 일어나고 건조한 발과 다리를 케어해 줍니다.
배스 초콜릿은 물에 띄우면 서서히 알아서 녹는 편리한 입욕제입니다.

난이도	★★☆☆☆
소요 시간	30분 (냉동실 굳히기 1시간)
도구	스텐볼, 유리 비커(100ml 이상), 핫플레이트, 알뜰주걱, 시약스푼, 초콜릿 몰드
색소	코코아 분말
레시피	200g (반신욕 4회 분량, 족욕 10회 분량) [가루 재료] 베이킹소다 60g, 구연산 20g, 옥수수 전분 40g, SLSA 20g [액체 재료] 코코아버터 50g, 폴리소르베이트80 8g, 바닐라 프래그런스 오일 2g
참고	• 폴리소르베이트80은 올리브 리퀴드, 프로필렌글라이콜 등으로 대체 가능 • 향료는 에센셜 오일 혹은 프래그런스 오일 총합 2g

1 볼에 가루 재료를 계량해 담고, 주걱으로 골고루 섞어 주세요.

2 고체 형태의 코코아버터는 핫플레이트로 녹여 줍니다.
NOTE 코코아버터는 60도 이하로 식혀 주세요.

3 폴리소르베이트80과 바닐라 프래그런스 오일, 코코아 분말 (적당량)을 넣어 주세요.

4 시약스푼으로 골고루 저어 주세요.

5 가루 재료에 액체 재료를 남김 없이 넣고, 주걱으로 뭉개듯이 골고루 섞어 줍니다.

6 진한 초콜릿 색상을 내기 위해서 색소를 추가로 넣어도 좋습니다.

7 몰드에 넣고, 냉동실에 약 1시간 넣고 굳힌 후 꺼냅니다.

TIP 배스 초콜릿 200% 활용 팁
입욕제를 칼로 4등분해 줍니다. 샤워 후에 하나씩 몸에 부드럽게 문질러 녹여 주고 물로 가볍게 헹구어 주세요. 깊은 보습감을 느낄 수 있습니다.

※ **건조 시간** : 완전히 건조되는 데는 약 1일 소요되며 포장 시 탄산가스가 방출될 수 있도록 구멍을 내 주세요. 완성된 입욕제는 상자에 넣어 하나씩 꺼내 사용합니다.

※ **용법 및 용량** : 물을 담고 넣어 주면 서서히 발포하며 녹습니다. 족욕 시 10g, 반신욕 혹은 전신욕 사용 시 50g 이상이 적당합니다. 배스 초콜릿은 칼로 잘라서 사용할 수 있습니다. 부족한 경우 추가로 넣어 주어도 좋습니다.

※ **사용 및 보관** : 1년 이내 사용, 직사광선을 피해 서늘한 곳에 보관. 에센셜 오일이 휘발성이 있으니 밀봉하거나 상자에 잘 넣어 보관해 주세요. 여름철에는 냉장 보관을 권장합니다.

05

버블 주스
bubble juice

✦ ✦ ✦

뜨거운 물에 몸을 담그기 힘든 여름엔, 버블 주스로 셀프스파 해 보세요!
욕조가 없어도 사용할 수 있습니다. 샤워볼에 버블 주스를 부어
거품을 만들어 주고, 피부에 부드럽게 발라 주세요.
10분 정도 가볍게 거품 마사지를 해 주면 은은하게 풍기는 향기에
기분이 절로 좋아집니다. 자연에서 얻은 5가지 추출물은
촉촉한 수분감을 공급해 줍니다.

난이도 ★★☆☆☆

소요 시간 1시간 (중간 건조 시간 포함)

도구 유리 비커(100ml 이상), 유리 비커(350ml 이상), 시약스푼, 미니 거름망, 미니 블렌더, 깔때기, 핫플레이트, 용기

색소 핑크, 옐로우

레시피 300g (반신욕 4회 분량, 샤워용 10회 분량)
　　　[거품 재료] 정제수 160g, SLSA 40g, 코코글루코사이드 40g
　　　[첨가물] 글리세린 42g, 꿀 추출물 6g, 벚꽃 추출물 3g, 병풀 추출물 2g, 블루베리 추출물 2g, 헥산디올 4g, 살구 프래그런스 오일 3g

참고 향료는 에센셜 오일 혹은 프래그런스 오일 총합 3g

1 350ml 이상 유리 비커에 거품 재료를 계량해 담아 주세요.

2 핫플레이트에 놓고 천천히 저어 준 후, 덩어리가 사라지면 꺼내서 식힙니다.
NOTE 빠르게 저으면 거품이 많이 일어나 작업 시 어려움이 있으니 천천히 섞어 주세요.

3 100ml의 다른 유리 비커에 첨가물을 계량해 담아 줍니다.

4 원하는 색소를 넣어 미니 블렌더로 골고루 섞어 주세요.

5 거품 재료는 위의 사진만큼 거품이 사라질 때까지 식혀 줍니다.

 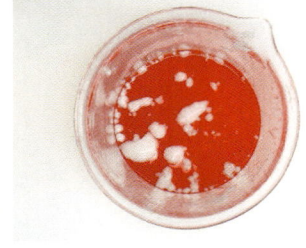

6 거품 재료에 첨가물을 넣고 시약스푼으로 골고루 섞어 줍니다.
NOTE 핸드 믹서 사용 시 거품이 생기니 유의하세요.

7 소독된 용기에 부어 주세요. 약간의 거품제 덩어리가 남아 있는 경우, 용기에 깔때기를 끼우고 미니 거름망에 걸러 넣어 주면 됩니다.

8 뚜껑을 잘 닫아 보관해 주세요.

※ **용법 및 용량** : 욕조에서 입욕을 하는 경우 물을 담고 입욕제를 넣은 후에 손으로 휘저어 거품이 일어나게 만들어 줍니다. 샤워용으로 사용하는 경우 샤워볼에 적당량 부어 거품을 만들어 몸에 부드럽게 문질러 주세요. 사용 후에는 물로 가볍게 씻어 냅니다. 입욕 시 100g 이상. 샤워 시 30g 이상이 적당합니다. 부족한 경우 추가로 넣어 주어도 좋습니다.

※ **사용 및 보관** : 1년 이내 사용. 직사광선을 피해 서늘한 곳에 보관해 주세요.

입욕제 포장하기

에센셜 오일이 휘발성이 있기 때문에 입욕제는 밀봉해서 잘 보관해 주어야 합니다. 입욕제를 보기 좋게 포장하는 방법은 2가지가 있습니다.

■ 수축 포장

수축 포장을 위해서는 수축 비닐, 실링기, 열풍기 세 가지 도구 및 재료가 필요합니다.
완성된 입욕제를 수축 비닐에 넣고 실링기로 접착 및 커팅합니다. 가위로 비닐에 살짝 구멍을 내고, 열풍기로 쏘아 비닐을 수축해 주면 완성입니다. 열이 뜨겁기 때문에 작업 시 장갑을 착용해 주세요.

■ 쿠키 포장

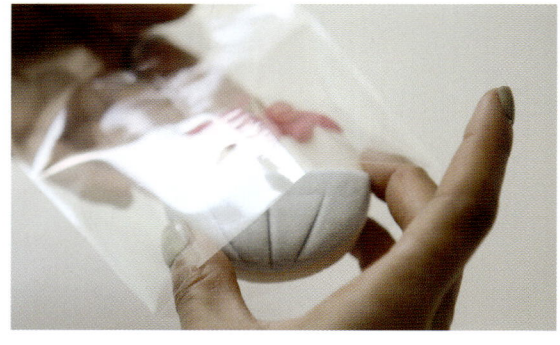 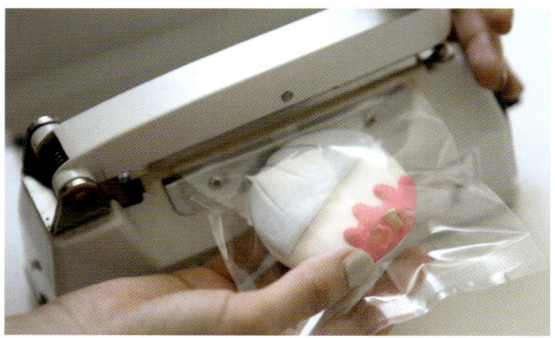

쿠키 봉투와 실링기 두 가지 도구 및 재료가 필요합니다.
적당한 사이즈의 쿠키 봉투에 입욕제를 넣고 실링기로 가볍게 접착합니다. 완전히 건조되지 않은 입욕제를 포장하는 경우 가위로 살짝 잘라서 탄산가스가 빠져나갈 수 있게 해 주세요.

기분이 좋아지는
오늘의 입욕제

1판 1쇄 발행 2021년 2월 19일
1판 2쇄 발행 2021년 12월 1일

저　　자 | 소크아트
발 행 인 | 김길수
발 행 처 | ㈜영진닷컴
주　　소 | (우)08507 서울 금천구 가산디지털1로 128
　　　　　　STX-V타워 4층 401호
등　　록 | 2007. 4. 27. 제16-4189호

©2021. ㈜영진닷컴

ISBN | 978-89-314-6341-5

이 책에 실린 내용의 무단 전재 및 무단 복제를 금합니다.

YoungJin.com Y.
영진닷컴

영진닷컴 단행본 도서

영진닷컴에서는 눈과 입이 즐거워지는 요리 분야의 도서,
평범한 일상에 소소한 행복을 주는 취미 분야의 도서,
감각적이고 트렌디한 예술 분야의 도서를 출간하고 있습니다.

< 요리 >

치즈메이커
모건 맥글린 | 24,000원
224쪽

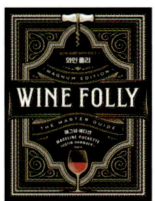
와인 폴리 : 매그넘 에디션
Madeline Puckette, Justin Hammack
30,000원 | 320쪽

맥주 스타일 사전 2nd Edition
김만제 | 25,000원
456쪽

황지희의 황금 레시피
황지희 | 13,000원
216쪽

< 취미 >

손흥민 월드와이드 팬북
에이드리안 베즐리 | 12,000원
64쪽

라탄으로 만드는 감성 소품
김수현 | 17,000원
268쪽

사부작 사부작 에뚜알의 핸드메이드
에뚜알 | 13,000원
144쪽

하바리움 이야기
권미라 | 16,000원
192쪽

< 예술 >

그림 속 여자가 말하다
이정아 | 17,000원
344쪽

예술가들이 사랑한 컬러의 역사 CHROMATOPIA
데이비드 콜즈 | 23,000원
240쪽

사부작 사부작 오늘의 드로잉
박진영 | 16,000원
200쪽

알고 보면 더 재밌는 디자인 원리로 그림 읽기
김지훈 | 18,000원
216쪽